領導學析論

林水波 著

五南圖書出版公司 印行

自序

組織成效的前提：推展對應性領導

不同類型的組織，為了提升自己的競爭力，進而成功而有效的完成自己設定的使命，實踐利害關係人的遠大期望，爭取到永續發展的正當性，擴大自身所能控管的疆界。這些理想的成就，就充分依賴領導的縱橫捭闔，以及順暢的溝通，而踐履團體、組織及社會的改進。

領導本是一項互動對話的過程，經由這個過程，領導者與追隨者共同發展或合產造就一項有效化及民主化的路徑，藉以實現組織的集體願景。因之，任何組織，抑或和組織攸關的各類利害關係人，每要增進對領導過程、類型、策略與默會性知識，進行透徹的理解，對之熟諳，並能因地、因事與因人制宜，而掌握到領導的基要。尤有甚者，領導所涉的各造，其間的平等、分享及貢獻性的溝通，更能促進各參與者的互動對話技巧，進而更有助於策略性協力。

　　《領導學析論》乃作者抱持前述領導與溝通對公、私及非營利組織運轉的關鍵性、價值性及創能性，而精心構思與布局的產物。而其核心內容一直環繞在六大中心主題：

　　一、解析不同類型領導：組織向來擁有不同的類型，也形塑至為多元的文化，創造不同的管理領域，經營本質互異的使命，至需主事者或負責人，針對組織的特殊屬性，而推展對應性、契合性或對稱性的領導，以發揮組織的成就。

　　二、詳述每個類型屬性：為使組織的關鍵人物應用對應性的領導，乃進入必要的知識革命，從事組織建構的旅程，而詳細敘述本書涵蓋每個領導類型的屬性，以供知識應用者之斟酌與落實。

　　三、剖析成功領導特質：領導者本是轉化組織投入而成為有益產出的靈魂人物，更是組織創造可能的領航員。不過創能的決定性因素，在相當程度上，至為仰賴領導者平日所養塑的可近智商與情緒韌性，而社會化員工勇於參與、對話，培植組織克服複雜內外環境的能力。

　　四、論述價值追求前提：組織的設立莫不為了協助組織利基的價值追求，進而盡到組織的社會責任。而在這個社會責任的承擔下，組織的負責人如何以價值的領導，來催生或造就迫切意識

的形成，以盡到衛護社會責任的事功，乃至爲關鍵。

　　五、解釋應許角色扮演：組織得能有效應對複雜又不確定的內外在環境，而發揮其設立的成效，員工的參與心、投入情、權能感及責任識，每有角色扮演的空間，是以領導者如何提出應許以激勵被領導者，乃是領導者的一項挑戰。

　　六、闡述誠摯石開道理：領導者的誠摯風格、組織的開放文化、行事的參與與透明，每對另一造滋生啓蒙的作用，願爲組織效力，共同工作在一起，以創造一個永續發展的組織，裨益組織的每一位成員，甚至有助於更大環境的發展。

　　這六大特點所搭配而成的文章，完全扣緊領導學的研究發展，希望讀者能夠鑑賞，且從中得到知識的啓發，藉之發展更爲深入的知識，或作爲組織場域的行動指引。惟領導學的議題繁多，新知不斷湧現，這九個議題的捕捉只是其中的一小部分而已，作者與同好者或可持續對之探勘及發掘。而在文章鋪陳上雖盡可能講究眞善美，但因個人的視角不寬，難免會有論述赤字之虞，期待學術方家不吝惠予指正。

　　本書之能以這樣的結構出現，首要致謝中西學術社群的知識生產，提供論述的依據；二要謝振國與靖鈜學棣耐心的文字輸入；三要感謝父母在世時的鼓勵與訓誨；四要感謝內子盡心的照

顧：五要稱謝台大政治系長期供應優質的研究環境。

　　而一門學科的知識發達，完全需要各方人士永續地參與及提供反思性的意見，以供作者的再思、深耕與突破。因之，懇請各方讀者提出與作者同感的領導學視野，共同創造領導學的嶄新知識。

林水波

謹識於俊邦書室

2012年1月

目　錄

第一章

參與式領導

　　組織為了增進工作績效，提升生產力，謀求所屬成員的福祉，莫不竭盡心力想方設法思索對應之道。不過，在追求這些共同認同及想望的目標，其中之一不可或缺的要件，諒必是組織領導者，要有嶄新的思維，不再將共同推動組織任務的同仁，視為部屬而得任其發號施令，隨意操縱使其被動順服指令，而要將其當作對組織會有所貢獻的人，與其建立並肩戮力從公關係，大家共同協力，形塑一心而為組織追求的願景邁進。換言之，組織的同仁擁有對應時趨的觀念，歷經不同的處事經驗，學有豐富的知識基礎，得能共事設定追求的目標、計畫工作的期程、解決運作所生的問題，評估未來的發展，創造嶄新的作為。

　　基於前述吾人對組織成就事功及對同仁的另類思維，吾人有

必要對領導有嶄新的知識啓蒙：

1. 領導本身是一項互動的過程，非領導者本身扮演單獨角色的遊戲；

2. 領導更是雙向溝通的運作過程，領導者單方的意志主導，並無法在組織績效上成就巨幅的提升；

3. 領導者最能影響員工的取向與作爲之道，乃是改變自身的領導風格、行事作風，導引員工的景從；

4. 員工是組織的貢獻者，絕非只是領導者的跟班，所以要以不同的領導方式，形塑員工對組織得能具有更大而積極的影響力（Romig, 2001）。因之，組織爲了將員工轉型爲貢獻者，主事者或許有必要在領導風格上改弦更新，追求較爲符應知識經濟時代的領導作爲，以免因風格的偏差，以致協力優勢無由而生，合超效應並無可靠路徑可資依循，兩造之間的雙元關係無法建立，相互互補無法進行。參與式領導諒必是開拓協力優勢、合超效應、雙元關係及相互交換的對策。至於本型領導的內涵指涉、基本假定、追求企圖及角色扮演，則爲針對性的分析面向。

一、內涵指涉

參與式領導的核心要務在於：誠摯邀請員工共同分享決策的事功，並由領導者與員工相互諮商，吸取其觀點與見解，進而整

合他或她的建議，成為最終決策的套案內容，作為團體或組織未來推動的路徑圖（Northouse, 2007）。這樣的運作試圖在組織內開創一個和諧、友善及深具創意的工作環境，組構凝聚力超強的團隊，大家協力為達成組織使命而打拼（Van Wart, 2005）。因之，這項領導的內涵指涉可由六個向度加以解析：

1. 權力分享

參與式領導講究領導系絡內的兩造，並肩推動組織的任務，唯有將決策的權力由成員共同分享，藉以養塑員工自動願為組織效力的決心，提供滋生績效的機會，以及激勵工作的內在動機。換言之，組織的決策既然由員工共同參與，就欠缺對組織疏離抑或感到無力的藉口，有必要竭盡全力，為自己作成的決策之成敗負責，絕無推諉塞責的機會。

參與式領導並不是以由上而下的方式，進行單向的溝通，下達工作指令，並由領導者獨享各項事務的決定權，反而為了員工對組織的向心力，願在同仁之間進行建設性的對話，承認他人政策主張的價值，發展一項知識基礎較為廣泛健全的決定，認定組織需要解決的深層問題，並在大家沒有共識之前暫緩進行事實、價值及後果判斷，增加相互諮議的時間以求尋找較為新穎又有效的方案（Gerzon, 2006）。

2. 意見諮商

本型領導並未假定領導者無所不能，得能知悉組織所面對問題的良策，並應用各項證據支持所擬處方的立論基礎。領導者反而認為：員工絕對不只是跟班而已，而是潛藏各項資源，姑不論是人力資本、關係資本、知識資本，抑或快速部署和安排資本（Lengnick-Hall & Lengnick-Hall, 2003），對組織的使命成就深具貢獻者。因之，領導者在面對組織待決問題的當下，就要與員工討論，進行不同意見的諮商，用以突顯問題的本質、實際的成因、牽涉到的對象，以及可資診治的方案，務使組織最終抉擇的方案，擁有翔實的資訊輸入基礎，俾較能接受實境的檢驗，減少潛在失靈的可能性。尤有甚者，這項員工意見吸納的機制，可以協調團體的需求，以致員工個人的需求不致受到忽視，同時亦因員工意見的健全介入，促使員工的工作動機受到極大的鼓舞，減輕消極不作為的抵制。

再者，本型領導強調組織成員之間的互動，進行組織未來追求方向的溝通，理解組織所面對的情境，交流各自過往的處事經驗，從中排除自戀的不當見解，化解彼此歧見的焦點，進而商議對應的策略，按部就班完成組織的任務，建立組織某類領域上的清譽，爭取更多的顧客，開拓組織經營的版圖。

3. 秉持四不

在參與式領導的運作上，吾人須知：領導者之所以存在，乃因有被領導者的存在。因之，如若領導者不斷展現高傲的態度，目空被領導者，就易受被領導者所疏離。是故，領導者為了明悉組織有效運作之路徑，卓越推展任務之道，就不能只憑自己的所見行事，不能自以為是而忽視他人的看法，更不能自矜有功及不能自高自大。即老子所謂的不自見、不自是、不自伐及不自矜。蓋領導者如若秉持這四不領導學，就能見識分明、是非分明，虛心接納他人的優勢及視野，排除自戀於自己的主張，並不只仗恃自己的才華，而有意忽略他人得能互補的建議。畢竟領導者只擁有才華永遠是不夠的，還要尋求其他的奧援才能增添才華的功效，比如形構團隊才能加倍才華的效應，築造關係資本方能影響才華的增強，可受教性方可擴大自己的才華（Maxwell, 2007）。

4. 啟動治療

組織員工如未有管道或機制參與任何決定的作成，極可能出現對組織疏離的病症，沒有高度的意願要為組織竭盡所能，以致組織的成就始終無法達及最佳化的境界，每有必要透過參與的過程，對這項疏離病症的診治，從中取得心靈報償的管道，形塑自由及自行操控的意識，滋生屬於組織社群的情感。

　　領導者在運營組織的作為，為使諸項攸關組織命運的作為，更具回應性，一則對應組織外部顧客的期盼，二則對準內部顧客的冀望，而使各項作為均能取得正當性，既贏得前者的認同，更爭取到後者的順服，得能在事半功倍的情況下，取得溢出的效應。換言之，員工的組織參與每每具治療及整合的功效，聰明又有智慧的領導者，要能妥善運用這項珍貴的診治工具。

5. 多元兼顧

　　組織的主事者為求全局視野關注下的決定，導引組織有限資源的最佳使用，其在決定形成之前，納入得能貢獻組織的成員，一同研商方案的設計，一則展現高度的同理心，理解他或她的抉擇思維；二則仔細傾聽其見解，以及對問題情境的分析，掌握其精湛之處，將其吸納成為決定內容的一部分；三則針對各方所提的決定安排，究其優勢、劣勢、機會與威脅進行討論，再整合出大家認同的套案，作為組織應付時境變遷的對策。

　　大凡組織的決定，如若有所偏差，抑或在單眼思考的場景下作成，由於對決策情境的全局關照有所不足，難免在方案組合上會出現顧此失彼的窘境。組織的主事者為了脫離這項窘境，一定要有不同的聲音注入，從另一個視框提出觀點，進而促進不同觀點之間的交流，彼此各自進行視框的反省，藉機找到共同的認同，分享方案追求的價值取向，啟示創新的配套，以及形塑組織

想望的願景（Innes & Booher, 2003）。

6. 形構環境

　　組織事功的成就既然要在團隊協力的情況下始能完成，是以實現參與型領導的組織，主事者就要想方設法建構友善的氛圍，以及得能滋生創意的工作環境，不僅務必將任務做對，還要做對的事，而使組織得以擴張疆界，強大組際間的競爭力，形塑組織存在的正當性及生存空間。

　　而在參與式領導的運營下，員工樂意一起工作，共同抉擇他們想要追求的政策取向，並對組織的未來從事根本性的決定。換言之，在本型領導的推動下，進行組織轉型的重大工程，協助員工面對重大的價值，促成員工個人和集體地成長與發展。組織之主事者恐要認清這項領導的時代意義，以及在組織成事上所可能扮演的角色。

　　當今的世界及明日的世界，已有愈來愈多的人，極力摒除宿命的觀點，每每想要參與影響自身福祉的決策。而傳統由上而下的領導風格，即由領導者單獨爲團體建立願景，設計成就願景的方略，啓發或迫使別人協助完成該願景的時代，業已隨著時境的巨幅演化，失去支撐的環境，而主事者爲了組織在高度競爭的時代猶能永續存活，組織就得涉入員工，從其參與中、互動上及交

流時，產出得能發揮合超效應的作爲。

　　在個人的能力及知識有其限制的境況下，共同領導的條件也就日趨成熟，於是爲了提升組織運作的境界，組織的領導者勢必要發展及運用較新的領導技巧，諸如流露出同理的情懷，進行同理性的傾聽，化解同仁之間對事情的理解落差，進而產出一致的行爲；考量與接納不同的意見，從中激盪出多元融合的問題解決方案；開闢自由交流的平台，交換不同的見解，從中求同化異；在異聲紛譁之際，遵循機制進行建設性的磋商，盡可能求同存異；在衝突的情勢出現時，領導者適時擔任中人角色，協調彼此之間的意見衝突，開拓大家可以接受的目標追求路徑（Denhardt, Denhardt & Aristigueta, 2002）。總之，共同領導的時代已將到來，組織主事者非要妥適加以迎接不可。

二、基本假定

　　既然共同領導已是時代的主流，傳統領導者唱獨腳戲的時代，抑或熟習十項全能已不可能的情境下，組織的領導權就進入分享的歷史時刻，各類組織非對之認識或社會化不可，俾以員工的潛能得有軌道可資釋出，而塑造永續競爭的組織能量。不過，在社會化這項領導方式之前，吾人有必要對其被倡導的基本假定，有了詳備的認識，方能體悟其內在精華的所在。至於其立基

的假定可由六個立論理由來描述：

1. 對立不足成事

領導系絡內的兩造，如在各項思維及行動上一直處於對立的狀態下，並未能經由中介物加以匯聚，則組織的力量勢必分散，無法集中全力迎戰組織即將面對的嚴重課題。蓋組織的成員之間如處在衝突對立的僵局，則衝突的黑暗面就會籠罩整個氛圍，一來困惑團隊面對問題情境所要採取的方向；二來致使行動僵局的滋生，因在對立雙方互為堅持之下，組織的靜止不動就有出現的空間；三來破壞的力量始終存在，一時之間無能透由領導達至衝突各造之間的妥協；四來在共識行動欠缺下，各造成為勉力的合夥人，各自抱持自己想望追求的目標，流露出同床異夢的情景；五來本來應對失靈情勢得到體諒，緩和劍拔弩張的態勢，卻因衝突的火種而引發聲討的議論；六來嚴重的對立會燃燒組織人的意志，直到殆盡為止（Cloke & Goldsmith, 2005）。換言之，組織的破壞性對立每對組織的運營滋生弱勢，帶來威脅，排除機會的到來，遏阻優勢出現的通路。

2. 交流滋生統合

每個組織員工過往所歷經的社會化過程，所接觸的社會化機構均有不同，以致形成不同的經驗，累積或沈澱互異的知識基

礎。養塑不同問題的處事方針，築造多元不同的社會資本足以推動互利的協調及合作。這些人的優勢如能利用對應的領導機制，就有統合的機會，並經由交流的過程，增進共同的瞭解，建立共同追求的價值取向，培塑前後一致導向組織目標的行為。這樣一來，組織內人群網絡的成員，就會心繫在一起，促成合作的行動。蓋領導者所領導的團隊，若能充分的討論對話，則對話所滋生的「魔術力量」就非同小可，非但縮小員工之間對事情的理解落差，而且大力將衝突轉化為合作，擺脫原本的行動僵局，推動領導之輪的順勢運轉（Sidle, 2005; Yankelovich, 1999）。

3. 發號施令無益

　　參與式領導的主事者在引領員工完成組織所交託的任務時，每會對他或她提供任務推動的建議和意見，並由他們針對實際的情況，自主地作出對應情境演化的行為。蓋在領導者的視野、見解或思維不一定妥當時，硬要以發號施令的方式，要求員工的被動順服，乃容易滋生員工抵制的現象，抑或出現陽奉陰違的情勢。換言之，在講究組織民主的時代，每位組織員工均具有對組織貢獻的實力，為了結合全體的力量成就卓越的績效及成果，發號施令的領導作風，恐與當今世代的價值脫臼，兩造並肩領導，透由互動的過程，雙向溝通的旅程，並從領導者自身霸氣行為的改變，形塑出強大的影響力，方能為所領導的組織創造積極的效

益。

4. 協力創造合超

今日組織版圖的拓界，已非單人所能爲之，每必仗恃員工之間的群策群力，方能滋生一加一大於二的合超效應。何況，員工之間的協力演出，一來可找到廣泛知識基礎支撐的行動方程式，不致因循證的不足，而易發生失靈的情勢，爲組織帶來損害；二來領導者個人的意識形態不致壟斷多元方案的選擇，以致不必質疑其所支持的方案，究竟能否得到實務的檢驗；三來同仁之間藉由意見的諮商，刺激進一步的思考，融入原本被忽略的要素，從中進行深度的學習，而體悟出系統性的方案組合，照顧到問題情境的各個面向。再者，在多元觀點的交會後，各個角度的妥適考量，因而產出的處事安排，也較能符合外在的要求，引領內在同仁的支持，進而在迫切感及節奏感一致的境況下，以最有效率的方式成就令人鑑賞的效應。

5. 潛能得以磨練

每個員工在歷經多元而豐富的社會化過程之中，業已形塑出不少的內在潛能，組織的主事者要善用這些潛能，透過參與式領導將之發酵，使其蔚爲組織所用，以之開拓組織所能影響的疆界。尤有甚者，在其他同仁的互動參與中，從別人的政策倡導及

方案之間安排中，又可學習到嶄新的組合，激勵另類的思考，與自己過往的思考聯結，進而創造出更佳的配套。是以，組織要以創意性的組織氣候來磨練員工的內在潛能。一來信任員工，使其盡情發揮；二來推動開放性的溝通，鼓舞不同觀點的提出；三來肯認多樣性的意見提出，並由激盪過程中催化新觀念的產出；四來組織適時提供對創意的報償，以強化持續創意的作為。

6. 三工促成產出

領導者的核心職責在以理影響（influencing）員工的共赴事功，並以自身的行為改變，影響員工的投入；以氣氛激發員工的不同意見表達，並爬梳出不同意見的共同基礎，試圖整合（integrating）出彼此可以接受的行動方案，並協力加以落實；以各種提示啟蒙（inspiring）員工內在隱含的才華，再配合互補的因素，使才華規劃出組織追求的前瞻性願景。是以，影響、啟蒙及整合三者為本型領導的核心要務，由其連接組織有效運作的元素，進而產出令人激賞的績效，擴大組織的生存空間。

參與式領導是民主化的管理，其在決策的過程中，領導者在相當的程度內，接受他人的影響，而且深深地體悟：組織內衝突對立，無法整合出協力的力量；不同意見之間的建設性交流，有助於員工各自盲點的發現與排除；領導者的宰制，因獨霸發號施令權，本無助於決策品質的提升，相關決策的受到認同；透由參

與機會的提供，將員工集結起來，產出相互協力的優勢，開拓合超效應滋生的路徑；員工經由參與的互動，並從互動過程中磨練自己的視野，使其較能兼顧全局，防止單眼思考的可能偏廢；再應用三工的觸媒，產出令人滿意的組織績效，揚升組織的正當形象。

三、追求企圖

組織主事者之所以引進員工參與攸關變革的決定；諮商他們對組織運作的想法；在特定任務領域授權他們擁有一定程度的處置權；同時認定對員工能力的鑑賞及接納其投入組織問題的解決，本是激勵員工的要素。凡此，背後均有其追求的企圖，可由六方面加以鋪陳。

1. 傳承運轉經驗

加入組織的員工在被社會化一段時間之後，每要繼起承擔組織的永續發展任務，處置組織所要面對的內外在問題。而這項傳承的工程，每寄望於參與的過程中逐漸習得。首先，員工在參與過程上認識到一些事實資料；進而由資料發現事態的模式、概念之間的關係及資料所展現的意義，進而解讀出有價值的資訊；之後，他或她可將資訊組合各種的架構或模式，用以檢視實際的問題情境，構成採取行動的知識基礎；有了知識之後，再經由整合

及內化的過程，並以過往的經驗碰撞，乃展現處理問題、作成對應時境、精通任務的能力；這項能力歷經實踐及成熟運用之後，就會顯現出傲人的智慧，足能掌握時代發展的大趨勢，作出各項明智的決定（Beazley, Boenisch & Harden, 2002）。這原本是組織推動延續管理所要為之的標的。

2. 克服知識威脅

組織的員工如未能在所屬組織感受到激勵的滋潤，只得到一些保健性的補給，他或她可能快速在不同組織間進行社會流動。如此一來，原本的組織可能遭受到知識流失與知識用盡的威脅（Beazley, Boenisch & Harden, 2002）。於是，為了防止前述災難式及慢性式的威脅，組織乃厲行參與式的領導，務使員工在組織內感受到受肯認的意識，不會輕易離轉職，同時帶走組織的寶貴資產。尤有甚者，在參與管理的氛圍內，由於盛行知識的交流與整合，進而探勘出更富有價值的知識，足供組織作成深具競爭優勢的決策。

何況，知識的流失每會導致組織效率的降低，生產力的萎縮，增加員工的挫折感及壓力，進而縮減組織的創新，毀損組織的回應力，減少組織生存的機會。因之，在競爭激烈的時代，組織的領導者一旦發現員工是組織的重大資產，本應事先想方設法防止資產的流失，而盡力依循激勵的路徑，讓員工經由參與感受

權能感及責任意識，絕不輕易離職，連帶地流失組織仰賴的知識。

3. 提升決策品質

組織的員工每每擁有領導者所未充備的資訊和知識，如能吸引其加入工作團隊，為尋求更佳解決方案而共同合作，則針對問題情境而設想的決策品質或可提升，減少思維的盲點或偏差，構思子方案彼此接軌配合的套案，避免決策災難的發生。

何況，員工一旦感受到決策的所有權，深覺該項決策存有自己的心血投入，每激發更大的動機，不但接受它，更要成功而有效地加諸執行。蓋政策參與不但促使參與者更加瞭解決策問題的本質，而且深諳選擇特殊方案的各項理由，以及該項決策將對問題的減輕發生什麼作用，以免造成無名的恐懼和憂慮（Yukl, 2006）。換言之，參與亦有助於參與者對自身決策的接受，允准員工表達對決策關注的機會，事先由意見的交流設法防止負面效應的產生。

4. 解決各項衝突

組織主事者提供參與的平台或機會，俾讓不同的世界觀得能相互交流，進而對各自的思維架構進行反省，甚至加以妥適地調整，而以更全局的方式展現對組織所面對問題情境的理解，縮小

員工之間的理解落差，並將原本的衝突轉化成合作的力量，充分扮演心甘情願的協力合夥人，共同參與完成組織所設定的願景。

　　須知，組織內如若衝突的密度過高，一來有限的資源恐會付諸東流，又浪費或延宕處事的時間，增加組織運營的成本；二來因為衝突作梗，也使相關的決策並未立基於詳備的資訊及知識基礎，導致品質受到不良的影響，增加決策失靈的機率；三來慢性而未解決的衝突，本是員工離職的基要性因素。凡此，有必要透由參與機制的健全，從參與互動的過程中，增進理解的機會，並整合出共同認同的願景，成為全體努力的標的。

5. 養塑決斷能力

　　員工有機會參與作成影響組織的決定，習得如何整合異見的能力，該在何時主動地採取行動，不再進行無謂的拖延，順勢地推動組織目標的追求。而這項果斷能力的形塑，可以防止組織陷入無端的恐懼之中，也促使員工掌握內外在環境所提供的機會，不必等到完全的情勢明朗化，蓋斯時原本的機會恐已暗中流失了。因為，所有組織均在競爭的情勢下尋找生存空間，在不確定的環境下尋求疆界的突圍，非賴員工的積極主動，果斷因應情勢演展不可。是以，平日的組織領導者乃要廣開參與的平台，從中培塑員工積極主動的作為，即時分析與掌握內外在的機會，致使組織搶得跨界的先機，不致因恐懼的掣肘，而無法開啟機會之

窗，釀至組織不能達及想要的境界。

6. 增進員工向心

組織員工的功效意識感如若低落，則對組織的疏離乃就自然的結果，無法挖掘到組織人的知識資產，當然致使決策品質的低落及決策的被接受度降低，減少決策的執行幅度。不過，參與式領導的積極推動，主事者至誠想望從員工的政策參與中，獲致啓蒙的功效，進而促使員工產生受到組織重視的感受，乃能逐步強化員工對自己專業的認同及對組織的承諾感。

參與式領導本是以員工為中心的領導，從其知識的交流互納過程中，找到組織創新的作為，一則鞏固組織自身生存的利基，揚升組際之間的競爭力，增強組織存在的正當性；二則員工亦由互動過程中，吸納他人的見解，發覺自己過時的想法，以及並未關注到的面向，抑或忽略的焦點所在，從而及時填補起來，並深以為自己所屬的組織，及工作的同仁，猶有諸多可學習的地方，不致滋生離轉職的意念和行動。換言之，組織與個人之間的全然配合，兩者才能同蒙其利。

當代組織本要儘早做好延續管理，透過參與式領導進行員工知識資產的轉移工程，一來事先防止知識流失所帶來的災難威脅，二來經由意見交流的腦力激盪過程，找到知識創新的旅程，

不致因時間的演變，而用盡所有的知識，牽引組織失去競爭的動能。蓋任何組織如欠缺持續的知識，就沒有資格稱為學習型組織，因為知識逐步失血的組織，無法維持組織所需要的知識基礎，從中學習錯誤的改正及累積成功的因素（Beazley, Boenisch & Harden, 2002）。

　　組織的員工一直在找激勵因素，以證成自己續留在組織的正當性，是以組織的主事者一定要洞穿員工這項內在的渴望，使其分享組織的決策權，擁有形成決策的效能感，不僅藉機提升決策的品質，事先打下成功的動能，而且強化挺身實踐的意願，增強決策的執行力。因之，具有智慧的領導者，想要築造厚實社會資本者，定要由參與的落實中發揮前述的雙重果效。

　　領導者只擁有才華畢竟是不夠，還要進行才華管理，即事先預期組織未來發展所需要的人力資本，並規劃妥善的計畫來符應這項需求（Cappelli, 2008）。而參與式領導乃在訓練主動積極的人力資本，由其引領組織走向引頸企盼的路徑，主動因應一切的不確定性，尋找組織可資運用的機會，克服組織所面對的困難，進而踏上成功之途。

四、角色扮演

　　提供員工足夠的機會，以學習處置組織問題，面對內外在環

境挑戰的能力，進而成長知識基礎，築造社會資本，建立工作聯盟，完成組織所交付的各項專案及使命，本是管理所要裝備的第十二要素（Wagner & Harter, 2006）。而參與領導正是落實這項要素的對應作為，是以職司者亟需扮演六種角色：

1. 內控養塑者

組織的員工如是一位外控者，深覺受到環境的宰制，被動接受外力的安排，每就無欲承擔挑戰性的任務，時刻提出質疑組織的創新作為，有效扼殺嶄新專案的提出，不同見解的發榮滋長，不利於組織的跨界或版圖的擴充。是以，屬行參與式領導者要扮演外控的轉型者，提供交流的平台，進行促成「異花受粉」（cross-pollination）的工程，綜合員工不同的意見，並且妥適組合科技、人員及觀念，以創造出與過往至為不同的處事解方，驅動組織的成長與發展，使其不致停滯而失去組際之間的競爭力（Kelley & Littman, 2005）。

尤有甚者，這類型的領導人，更要在員工參與的過程中，進行跨欄的舉措，從與員工的腦力激盪上，不斷尋找處方以克服原本組織的限制，以及所遭受到的任何情勢之挑戰。再者，當其與員工互動之際，要踐履「人類學家」的精神，積極走入第一現場，用以發覺員工對推動專案的反應，彼此之間協力或表面合作的情形，以及推動過程所衍生的問題，再提出解決之策。凡此這

些作為均在社會化員工袪除外控的個性，從歷練的過程養塑內控的人格取向，不易屈服內外在的強大壓力。

2. 提供互動者

參與式領導是一種互動管理的營為，試圖組織一個強而有力的任務編組，用以執行組織所設計的多元計畫，一來解決組織所面對的問題，二來有效面對外在情勢的變化，適時適刻地掌握住因情境演化所滋生的機會。

不過，這項互動管理的營為，兩造之間要以開誠布公的情懷，進行：組織追求方向的溝通，建立共同追求的標的，再全力以赴地加諸完成；理解組織處在的情境，本身有哪些限制，要進行哪些權變性的因應，以利機會窗的開啟；交流個人經驗，從中匯聚創意的套案，驅動創意的產出，促成整體組織的創新；養塑T造型的員工（the T-shaped employee），非但具有專精的知識領域，更具同理心，得能「神入」不同學科的精華，經由對話激發出嶄新的思維或構思，建構組織不被模仿盜走的資產。換言之，組織為創造在某一方面的造詣或優勢，擁有較大的機會與同行進行生存空間的爭取，每有必要經由參與互動，而找到創新的出口，擊敗凡事唱反調的員工，窒息新思維的成員，使其不致成為創新絆腳石或障礙者。

3. 共同領導者

既然組織卓越績效的追求，有賴領導者及貢獻者共同參與組織事功，則領導者就不能壟斷一切的決定權，而要擁有同理性傾聽的雅量，細心理解員工的論述，吸納具建設性的見解，而非只自戀於自己的想法，以免因全局關照不足，而產出偏差的決定。

尤有甚者，為避免組織知識真空窘境，抑或員工隱藏知識，拒絕分享重要知識的困境，組織領導者總要透由參與的機會，由組織人貢獻自己的專業才華，引領其對組織的向心力，不致因其影響力的欠缺，而成為疏離的員工，導致組織對知識匱乏的恐慌。再者，領導者要顧慮到員工的自我實現需求，迫切想要應用組織場域來滿足，乃要提供參與的管道，由他或她貢獻自己的經驗心得，既供應組織運作的泉源，又滿足員工的展現欲，而創造雙贏的機會，進行最佳知識延續的管理。

4. 化解危機者

領導傳承的危機，可能是當今各類組織所會碰到的困境，有必要由平常的運作上，不斷地應用機制來逐步養塑領導的才華，使員工不但可以創造出顯著的組織成績單，部署組織所擁有的資源，致使組織能力得以增進，順時順勢完成各項設定的使命，權變因應偶發的事件；設定策略性的目標，以連結多元不同的員

工，其各自所社會化的才華及所擁有的能量，共同射準該項目標的攻克，拓廣組織的疆界；隨著外在環境的演化，適時地發展與更調原定的目標，進而創設符應目標追求的策略，務使兩者之間的落差不致發生，而影響到目標的獲致（Bower, 2007）。

參與式領導正是這項傳承危機的化解機制，員工從與領導者的互動過程中，逐步內化領導者的成事取向，漸進承擔世代傳承的任務，不致釀致嚴重的傳承危機。不過，如果組織並未發覺這項危機的存在，進而想方設法地加以克服，組織極有可能中斷運作的順暢，嚴重地降低組織績效。蓋透由參與者之間的有效互動，不斷發展革新性的作風，設想與過往不同的方案，富想像力的回應，以因應快速變遷環境所出現的各類緊急事件，不會發生革新斷裂的情勢。

5. 情緒管理者

領導者茲為養塑積極參與的氣氛，整合出較妥當的組織處分，自身要鍛鍊情緒韌性，盡可能排除自己的主觀判斷，得能接納同仁不同的見解，也能認清自己的弱點，並不隨意阻斷員工的意見表達。換言之，領導者要流露出真誠，設法取得同仁的信任，願意竭盡所能貢獻才華，協助組織處理問題；展現策略性的謙卑，相信無法但憑自己的力量完成任務，時常仰賴他人的協力；履踐自律自制，盡可能收斂以自我為中心的想法，鼓舞員工

提出不同的觀點，藉以刺激更爲全局性的考量；認清自己，避免
受到自己的弱點所限，進而從容地運用自身的長處，試圖進行對
不同觀點的整合工程（Bossidy & Charan, 2002）。總之，領導者
每要以高度的情緒智商，進行廣泛的授權，社會化員工形塑組織
共同主權的意識，獲致彼此獲益的組織繁榮，務使自己的知識眞
空，得到員工知識的塡補，進而理出處置時境壓力的策略。

6. 能力鑑賞者

　　組織成就既然要同仁的協力始能完成，所以領導者就要進行
揀選管理，將能力優秀者納入任務推動的團隊，使其因力量的匯
聚而發揮合超效應。即一方面經由能力堅強的團隊生產富創意的
解決方案；另一方面因共事團體參與重大的政策形成，事前排除
執行階段所可能發生的執行抵制；三者由於團隊本由不同的專業
人士所組成，乃藉此帶進個別不同的技能，加強對不易處理問題
的解決；四者經由團隊可以獲得更足夠的資訊及實用知識，以作
爲任何決定的循證基礎；五者促成更優質的溝通及工作上的協力
（Harvard Business Essentials, 2004）。不過，團隊也可能會滋生
一些代價，必須要持續對之關照及滋潤，以免因個人之間的差異
堅持而破損成功所需要的全面協力。

　　領導者前述六種角色的稱職扮演，就能化解與員工之間的關
係緊張，人與人之間的情緒磨合問題。畢竟領導者所要全神貫注

的認識焦點是人力資本的築造，無法全然像一位經濟學家或工程人員一樣。蓋人總是有情緒的，而情緒又往往比理性或公平的思維，更能影響兩造的判斷及行為，所以主事者要細心應對人的問題，展現才華智商，審慎築造成就文化，將員工轉化成為對組織深具貢獻者，不斷化解領導的傳承危機，裝備組織所需要的知識，避免知識崩解及用盡的潛在威脅。

📖 結　論

　　參與式領導在講究團隊協力及組織民主的時代，組織管理者為了提升決策品質、克服知識威脅、解決人際衝突、養塑決斷能力、傳承運營經驗及增進員工向心所要講究的領導方式，同時更要在組織場域內加以實踐，不能有實踐落差，抑或滋生執行脫節的情勢，導致原本追求的企圖成為海市蜃樓。尤有甚者，主事者更要安排這項領導方式有效運作的情境，不可發生情境脫臼的窘境，以免造成效應的折扣化。俟經前面四個角度的分析，吾人或可得到八項體悟：

1. 傲慢自大的自閉性

　　領導者如若自身至為傲慢和自大，而忽略員工的才華及能力，很可能自己封閉多元交流的管道，無法注入衝擊的意見，激

盪出更具創意,更關注全局的解方。

2. 單局溝通的抵制性

由上而下的溝通,由於同仁的參與歸零,乃對溝通的內容並無深厚的認同,甚至對之採取抵制,不願將其進行必要性的轉化,致使該項內容不能成為具體的行動,逐步成就原先設定的目標。

3. 誤認跟班的短視性

被領導者每有自由意志,養塑有組織運作的能力,絕非只是一位跟班的人,所以領導者斷不能以為他或她凡事均會順服,其實常抱持自我實現的動機進入職場,試圖從中找到滿足的路徑,不斷成長與發展自己的知識基礎。

4. 知識流失的威脅性

一個無法留住員工的組織,時常會流失知識資本,減低組織循證決策的能力,導致決策容易失靈,非但不能射準迫切待決問題的本質及成因,無法設定被接受及可行的目標,而且將問題與目標連結的方案亦不夠周全,為組織釀成重大的損失。

5. 才華養塑的關鍵性

員工才華智商的不斷強化,對組織的運作絕對有幫助,因其

提供員工展現組織績效的機會，鼓舞員工推動績效的意願，增強
績效發煌的能力，是以主事者要貫徹參與式領導，備妥前三項引
領績效的底盤力量。

6. 兩造協力的迫切性

領導關係的兩造，絕對不能對立衝突，因而發生衝突的種種
陰暗面，停滯或掣肘組織的運轉。因之，兩造之間的協力互補，
才有可能創造合超效應的情勢，攻克組織所面對的內在調適及外
在因應的問題。

7. 視框反省的創造性

兩造雖有各自培塑的視框，對組織問題有一定的看法，但如
它們未能互動、交流，就欠缺反省的動力，無法透由反省得到建
設性的整合，以及進一步的啓發，而滋生創意的產出。是以，兩
造的有效互動，提供各自進一步思維的機會，乃是參與式領導的
核心旨趣，更是其溢出來的正面效應。

8. 誠摯納入的首要性

參與式領導是一種互動管理，爲了這項管理的目標成就，非
要納入深具價值的員工不可，從他或她吸納組織運轉所需要的知
識，並維持這項知識的永續，致使組織成爲名副其實的學習型。
蓋知識逐步流失的組織，要維持重要的知識，一來從過往的錯誤

中翻轉，二來據為邁向成功的基礎，每因員工失去對組織的興趣而離職，乃變成不可能的困境。

歸結言之，由參與式領導留下組織重大的人力資源，而由人力資源進行延續管理，傳承組織在競爭情境下所賴以生存的知識，致使組織不致因迫切知識的崩解而帶來嚴重的威脅。再者，透由本型領導以激發不同知識的整合，生產出創意的知識，不致造成組織知識用盡的慢性威脅。於是，職司組織運營的人，要以參與式領導的作為，降低員工的離職，增強延續管理的要素。

一旦組織內無人擁有推動組織任務所需的知識、專才及透視時；職司任務的組成又相當具有互賴性，必須同仁一起承擔任務的推動時；以及組織任務所要追求的目標深具挑戰性時，參與式領導就要適時啟動，進而組構協力的團隊，共赴達成任務的境界。

參考書目

Beazley, H., J. Boenisch & D. Harden (2002). *Continuity Management*. NY: John Wiley & Sons.

Bossidy, L. & R. Charan (2002). *Execution: The Discipline of Getting Things Done*. NY: Crown Publishers.

Bower, J. L. November (2007). "Solve the Succession Crisis by

Growing Inside-Outsider Leaders," *Harvard Business Review*: 91-96.

Cappelli, P. March (2008). "Talent Management for the Twenty- First Century," *Harvard Business Review*: 74-81.

Cloke, K. & J. Goldsmith (2005). *Resolving Conflicts at Work*. San Francisco: Jossey-Bass.

Denhardt, R. B., J. V. Denhardt & M. P. Aristigueta (2002). *Managing Human Behavior in Public & Nonprofit Organizations*. Thousand Oaks: Sage.

Gerzon, M. (2006). *Leading Through Conflict*. Boston, MA.: Harvard Business School Press.

Harvard Business Essentials (2004). *Creating Teams with an Edge*. Boston, MA.: Harvard Business School Press.

Innes, J. E. & D. Booher (2003). "Collaborative Policymaking: Governance Through Dialogue," in M. A. Hajer & H. Wagenaar (eds.) *Deliberative Policy Analysis*. Cambridge: Cambridge Univ. Press.

Kelley, T. & J. Littman (2005). *The Ten Faces of Innovation*. NY: Currency Doubleday.

Lengnick-Hall, M. L. & C. A. Lengnick-Hall (2003). *Human Resource Management in the Knowledge Economy*. San

Francisco: Berret-Koehler.

Maxwell, J. C. (2007). *Talent Is Never Enough.* Nashville, TE: Thomas Nelson.

Northhouse, P. G. (2007). *Leadership: Theory & Practice.* Thousand Oaks: Sage.

Romig, D. A. (2001). *Side by Side Leadership.* Austin, TX: Bard Press.

Sidle, C. Clinton (2005). *The Leadership Wheel.* NY: Palgrave.

Van Wart, M. (2005). *Dynamics of Leadership in Public Service.* Armomk, NY: M. E. Sharpe.

Wagner, R. & J. K. Harter (2006). *12: The Elements of Great Managing.* NY: Gallup Press.

Yankelovich, D. (1999). *The Magic of Dialogue.* NY: Simon & Schuster.

Yukl, G. (2006). *Leadership in Organizations.* Upper Saddle River, NJ: Prentice-Hall.

第二章

立法式領導

　　邁入全球化的組織，要與同屬領域的組織進行健康性的競爭，俾便爭取到鞏固與擴張自己的生存空間，由平凡的正常運作，突破發展成長的障礙與瓶頸，同時善盡組織的社會責任，成就偉大的作為，協力完成政治系統在政經社文的重要事工，提升人類社會的優質文明。這項重大任務的達成，組織的負責人抑或領導人，勢必要推動兩種關鍵的過程：一為影響組織內部同仁的過程，促使他或她洞鑒及認同，在一定的時程，或組織不同的生命週期，組織要做的事，以及該如何為之，得能兼顧效率、效能及社會責任；二為促進個人之間及群體的協力作為，用以成就彼此想望的共同目標、歷史使命及未來願景（Yukl, 2006）。

　　組織透由領導人的作為、感召及魅力，得能影響下列各種向

度：

1. 抉擇追求的目標及成就目標的策略；

2. 激勵同仁成就合法抉擇的目標，其所要配合的行動；

3. 養塑同仁之間的互信與合作，俾使鋪設產出合超效應的管道；

4. 組織與協調各項工作活動，使其運作線得能配合天衣無縫，不致因某一個過程的延宕，而拖延活動完成的時間；

5. 配置工作活動與達成目標所需的人力及物力資源，不因兩者有所短缺，而影響到預定的進度；

6. 適時發展或培塑員工勝任任務的職能，使其滋生信心，不致對新的挑戰與任務心生恐懼，而有所規避；

7. 與成員學習及分享社會上所研發的嶄新知識，認知及建構新問題，以快速設計方案，迎接外在挑戰；

8. 適時獲得外在的支持、配合與合作，以便組織透由協力的方式得到協力的優勢；

9. 設計組織的正式運作結構，使其成為相互支應的有機體系，得能權變因應內外在情勢的演化，同時擬定計畫，針對使命的完成；

10.解讀同仁於組織以外所參與的事件，究竟有何價值性、必要性及正當性；

11. 形塑同仁之間共同的信念及價值取向，以利命運共同體意識的凝聚，隨時從事公民行為，以增強組織的競爭優勢（Lank, 2006 & Yukl, 2006）。

這十一種向度的行為或舉措，因具有強烈的外控性，並非憑領導者但憑己力就能獨自而為，而是需要被領導者受到領導者的感召、影響及社會化而誠願參與，方能完成，再加上組織無法對社會領域（Social Sector）的衝擊免疫，以致原本行政式的領導，即領導者擁有足夠而集中的權力，就能單純地做成正確的決定，對應情勢之演展，似乎已得不到支撐的理由。蓋單憑領導者本身的知識、過往的經驗及主觀的思維，不易完全掌握實現組織使命的課題，非憑藉同仁的涉入，積極的貢獻，並由觀念的激盪，勝出對應課題的配套方案（Collins, 2001 & 2005）。

針對組織內外在環境的變遷，以及全球化趨勢的湧入，行政式之領導，雖有規模較小的組織，猶在應用以處理其所面對結構較為優良的問題，不過隨著組織規模的擴大，全球運營策略聯盟的建構，組際關係的強化及網絡化，策略性夥伴關係的推展，社會領域成為組織運作必須面對的空間，為了契合這些嶄新情勢的需要，現在除了少數組織課題，猶在運行行政式的領導外，大抵均已邁向立法式的領導，師習立法場域的作為，用以締結多數聯盟，作成針對政經社文演化的決策，增強政治系統運作的正當

性。這項領導的主要憑依,達及成功領導境界的必要作為,以及透由它的運作而發生的效用,成為研討論述的標的,以為國內運用的準據。

一、憑依

立法式領導之所以能產生前述十一項對組織的運營,以及邁向偉大的境界,贏得同類屬組織的學習,更受到廣泛世人的敬重,承擔社會責任,善盡環境保護的職責,維護生態的永續發展,關懷公益業務的推動,並不能只憑依領導者的稟賦,抑或單依個人所習得的才華,而是要有多元不同的憑依,得以引領別人,說服自己,凝聚團隊。

1. 說服的論證

立法式領導無法完全以領導者的職務權威,要求所屬與同仁,抑或其他具有網絡關係的組織,奉行他或她試圖針對未來的情境演展,政府制度環境的變遷而提出的策略,而是要提出整全性,納入多元而妥當考量的論證;展現內在一致及相互並存的套案結構,使其在進行執行轉化之際,不致因論述的矛盾性,方案的不健全性而衍生非冀欲的後遺症;安排層次分明的方案結構,以及對應不同層次所要操作的行動,使其在邁向完成目標的過程中,彼此具有相當的內聚度,不致因層次的錯亂,以及對應層次

的必要作為失去連結，而導致策略的失靈；提出以樣本代替母體的模式說明，旨在明示兩者之間具有一定的規則性或一致性，不致因樣本的偏差，無法反映實際母體的分布樣態，而造成推斷的謬誤，以及不能射準正確的標的團體，使其接受對策的處置，引領有限的資源產出最佳的效應（Dunn, 2004）。

而領導者所能運用的論證不少，比如常見的因果、類比、動機、比較、倫理、方法、權威、團體、指標、直覺及類推等模式（Ibid.）。不過，領導者在使用之際要儘量避免論證的謬誤，以及可能產生無效的說法，比如不當的類推、錯誤的類比、倒果為因的陳述、訴諸與問題無關的傳說，單因對單果及錯誤的比較（Ibid.）。蓋這樣一來，要想說服別人，服膺自己的看法及思維進而採取具體的行動，成就策略主張的機率就降低，甚至消耗有限的資源，引發嚴重的問題，還要配置資源來攻克它。

2. 擁有的籌碼

領導者之能引發風動草偃的效應，員工或部屬的向心歸屬，可能要有價值的籌碼，足以驅動他人作為的動力。比如可資分配的資源，以支應業已規劃的專案；不斷的創新觀念，以將觀念結合而產出他們無法模仿的創意性聯想，誘引同好的加入，並透由腦力的激盪，創造出組織的競爭優勢；擁有多元不同的激勵工具，不僅可以公開肯認的方式表揚員工的績效，更可以更多

的物質報償符應或超出績效標準的員工，抑或以增加權威或自主性來回饋和鼓勵員工從事特殊的行為，強化對員工的關注，增加接觸的界面或互動的機會，使其感受到組織重視的程度；解決問題的資訊，以及聯絡資訊的能力，足以點燃組織績效的火花，勝出豐厚的洞見，用以攻堅組織所面臨的難題；令人信任的資本，並以之凝聚員工應付內外在挑戰的戰鬥，克服不健康的組際競爭（Bloomgarden, 2007; Davenport, 2005; Neilson & Pasternack, 2005）。

總之，領導者與被領導者之間每每是互惠的關係，彼此交換各自的優勢，亦即代表受到重視的標的，得能藉之幫助領導者決定要提供那類籌碼，以吸引部屬或同仁形塑合作關係，願意並肩作戰，共同成就卓越的成果。何況，組織的每一位成員均是貢獻者，要將其凝聚成為共同體，願意共同承擔組織成敗的責任，領導者所擁有的有形或無形的籌碼，不但可以啟發員工思維，協助任務的實現，指派適才適所，及築造建設性關係，更可以之推動前景性的作為，強化組織的正當性及影響力。

3. 分享的利益

組織在領導者與被領導者協力奮鬥的結果，可能獲致諸多不同的利益，比如得到不同機關的獎助，用以推動對組織顧客有益，增強其自主性、免疫其依賴性，進而促其活出尊嚴的人生；

得到熱心有社會責任感的利害關係人的捐獻，用以鼓勵從好的基礎邁向偉大的境界，進而推展組織的疆界，鞏固組織存在的正當性；築造競爭性的資本，研發出富價值的知識，進而以之創造出可以採取行動的才智。凡此，領導者均不能據為己有，以毀損往後共同打拼的黏著劑，破壞原先合作的氣氛。

組織利益既然是共同創造的成果，以之完全呈現在組織同仁之前，共同決定它的去路，並加以妥適的利用，一來強化組織的人力資本，提升原任員工的能力品質，招募更多專業的新血，俾能迎接更多新任務的挑戰；二來深厚結構資本，使運作系統、結構安排及作業流程更加彈性化、方便化及可近化；三來凝聚深厚的關係資本，推動更多智慧迸發的活動，以及與外在利害關係人建立綿密的關係，贏得顧客的認同，協力者的合作驅力；以及累積足以應付競爭的資本，蒐集對應競爭的內外資訊，並經由分析、消化及解讀，而理出獨占的知識，強化競爭優勢和影響力，方是強健組織的利器（Rothberg & Erickson, 2004）。

4. 合理的妥協

組織卓越績效的產出，偉大競爭力的形成，乃是領導者發揮整合的力量，築造步調合一、同心協力的團隊，展現合超效應的果效。因之，團隊的成員之間，要透過領導的中介力量，進行意見的溝通，未來行動方案的商議，消除彼此之間的理解落差，達

成互為主體性的妥協，而非一造強加諸另一造的被迫性讓步。換言之，雙方願意應用理想的言談情境，化解彼此之間的破壞性衝突，產生魔術性的轉型力量，以形塑組織追求的焦點，再由焦點指引員工才華的展現（Maxwell, 2007; Yankelovich, 1999）。

妥協是達成合作的前提，衝突又是力量分散相互掣肘的元凶，對組織的演化與成長不見得具有正面的助力，反而是任務推展的障礙。是以，立法式的領導，主事者本要想方設法處理破壞性的衝突，從兩造對峙的僵局中，彼此各退一步共同進入僵局得以轉型的階段，千萬不得壓制其一，而要由正式的交流過程，出現統合的方向，從中悟出組織治理之道，達成雙方可接受的妥協，也願投入妥協之後的任務聚焦，致使組織的能力可以轉型成追求卓越的利器。

5. 多數的聯盟

在講究多數治理的原則，領導者平日要與同仁建立互動的關係，累積推動組織事工的足夠社會資本。不過，這項多數聯盟的締結，領導者平日要履行循證管理（evidence-based management），及組織使命的促成要以切於實情、契於系絡、基於因果、據於實例、成於對話及本於事理的原則行事，信任真相、排除半真半假的傳言及毀棄全然的胡扯（Pfeffer & Sutton, 2006），方有助於多數聯盟的建立，而致組織獲益。

　　以循證為基礎而凝聚的多數聯盟，足以排除集體盲思的危害，共同支持組織所要推動的方案，乃立下執行之際，大家順服及合產的意願，而由同心協力的合夥人，共同完成方案的轉化工作，實現組織不同階段所設定的使命。不過，在強調多數治理的實踐之際，若能同時保障少數的權利，珍惜並納入遠景性的觀念，使其免於邊緣人的恐懼，願於組織推展任務的過程中，避免以言談取代行動，以記憶取代思維，以恐懼妨礙根據知識而行事的作風。

6. 攻克的才華

　　有人雖體認：組織單靠才華是不足的，猶賴自信自己的潛力、自己所擬定的使命，並由信念決定期望，期望牽引行動，行動帶來成果（Maxwell, 2007）。不過，領導者隨時要對長期或突發的問題，非有問題建構、目標設定、方案設計、方案測定及套案組合的才華不可，也唯有歷經才華的運用，方較為可能勝出效率、效能、公平、妥當、回應與充分兼備的方案抉擇。尤有甚者，在攻克問題情境的套案，由才華組構而出之際，執行的才華，以領航落實的行動，形塑協力相助的執行合夥人，克服不同執行環境的障礙，不當執行遊戲的方案扭曲，而展現成功而有效的執行，用以減輕問題的嚴重性，縮小標的對象的額度，而達及方案所預定的目標，就續階要登場。因之，領導者要以才華來服

眾，來營運實現使命的團隊，來解決多元不同的問題。

立法式的領導，在講求並肩打拼的年代，似乎已在各公私部門展現，尤其在組織的成員均是貢獻者的時代，對組織的目標成就及運營成功均可立下汗馬功勞，而行政式的領導似乎已逐漸流失契合的情境，並有賴立法式領導的運用，引領組織的貢獻者接受與完成指定的任務，並與其他同仁協力推動年度的專案，提供知識、技能及觀念，共同承擔成敗的責任。

立法式領導所憑依的基礎，不再只是法定的權威，更需要富說服力的論證；引領動機的籌碼或代表價值的標的；可供分享的利益，既可滿足部屬的基本要求，又可激勵員工向上提升的動能；適時又為各方認同的妥協，以利各方均贏的結局；集體行動的聯盟，用以形成因應環境演化的決策，適時終止成員之間的衝突，促成無痛性的變遷（Abrahamson, 2004），克服組織的混沌、員工熱情的耗盡及過多議題的負擔；多元不同的方案，以利優勢策略的轉化而出，成功執行的完成。

二、作為

組織為了突顯運營的績效，競爭所轄業務的擴展，加大自己經營的版圖，立下存在的正當性，防止其他組織的勢力入侵，奠定在專長領域的信譽，以自動取得其他組織的業務委任或進行策

略聯盟，永續承接多年已互動的契約，乃必須透由領導者來打通組織任督二脈可能的堵塞，化解組織內部的意見紛爭，形構為組織人認同的組織氣候，既講究體貼溫馨的關照，又強調必要的規範安排，以發揮領導所要的影響力。至於立法式領導所要履行的作為，以成就組織的卓越，可由三大方面論述：

1. 尋覓感人篇章

領導者為了組織的競爭力，得能爭取到維繫命脈的任務，引領同仁同心協力加以完成，以累積永續互動的資本，就要應用八類篇章或敘說，來推動八類不同的使命（Denning, 2005）：

(1) 激勵同仁的行動

即以感人的篇章，點燃員工行動的動能，進而引發對行動認同的共鳴與支持，群策群力執行應付新局的嶄新觀念。而感人的篇章要有一項健全的變革觀念為基礎，展現其真實性、簡易性、可行性及對組織的正面性與價值性。

(2) 築造同仁信任

即以感人的篇章，與同仁溝通，使其認識瞭解你的為人，願意服膺你是一位真實可靠的人士，誠願與你共同打拼組織成立的宗旨，致使組織服務的顧客得到滿足。而這類篇章可由自己人生旅程中的重大轉捩點談起，說明其經緯及積極對應的作為，更有

襯托的系絡，和系絡中的建設性互動。

(3) 築造組織信任

即以感人的篇章述說組織發展與成長的過程，建立內外口碑的旅程，並以這項口碑引領同仁與組織建立獻身的關係，立下承諾建立組織的事工，研擬提升競爭力的方案。

(4) 傳輸組織價值

即以感人的篇章對員工注入組織所冀想追求的價值，建構與實現價值相連結的行動，不致因價值的模糊而失去方向感。

(5) 引領同心協力

即以感人的篇章吸引同仁以協力的方式完成組織設定的任務，說明傳統的管理已不足應付今日複雜多變的業務性質，至於是以團隊、社群或網絡的方式為之，則要對應不同的系絡。

(6) 落實知識分享

即以感人的篇章，解讀行事以知識為基礎的重要性，應用傳言與胡扯的風險性，進而鼓舞員工以知識來解析問題，並將知識轉化成具體的行動，不只停止在言談的階段，更希望以焦點化的思維（focused thinking）防止記憶的誤用，不希望以恐懼制止根據知識而行事的風格。

(7) 馴服流傳謠言

即以感人的篇章中立化組織內流傳的謠言及閒話，以免員工對組織信心的動搖。換言之，組織主事者，要以事實來諷刺謠言的無稽性，破解閒話的虛擬性，崩解對其員工產生防衛的作用，不願全心投入組織的任務工程。

(8) 創造分享願景

即以感人的篇章，結構組織所要追求的願景，引領同仁以積極的態度邁向未來。換言之，以願景為地心引力，吸引員工的景從與行動，召喚員工的能量投入，共同為實現願景而走向行動的旅程。

員工是持有熱情的，而熱情的啟動就有賴於編織感動的篇章，發揮激勵的力量，形構信任的源泉，注入組織追求的價值，促成團隊的組構以協力的方式完成組織事工，分享攻克問題的知識，馴服無端的傳言及創造與分享願景，進而領航員工進入未來，築造組織的版圖，擴大組織的影響力，盡到組織的社會責任。

2. 部署刺蝟效應

組織的領導者要洞徹刺蝟如何防衛狐狸攻擊的情形，不要在同一時間追求過於多元不同的目標，並將組織的運作視為極端複

雜，而要將自己的思維整合一個關照全局或至為核心的概念，抑
或將其建構成有系統及有機關聯的願景，正如刺蝟在對應狐狸一
般，將情境化繁為簡，得能以單一的概念作為一項基本的原則，
用以引領組織的事工。換言之，組織之主事者將各項挑戰及矛盾
化約，以便容易掌握，並由核心的本質向外延伸，發展出一套整
合性極強的組織治理策略（Collins, 2001 & 2005）。

　　從刺蝟防衛的體悟，組織平常雖面臨三類課題，如主事者得
能掌握三者之間相互關聯的本質，並掌握本質運轉的妙方，組織
就能由平凡邁向偉大。這三項課題：一為聚焦燃燒熱情的活動，
不必分心他顧瑣事；二為招募最適人才，使組織擁有能力以最佳
的策略來推動，已點燃熱情的活動；三為永續供給必要的資源，
務使熱心進行的活動得以順利完成。不過，這三項課題若能有所
整合或擴大交集範圍，則對組織追求卓越的助力就非常大，這種
情況或可由圖2.1來表示。從圖2.1中吾人或可得到這樣的啟發，
組織績效的發揚在於三大課題的整合，大凡整合愈周全，配對愈
對稱，則每個課題所能產生的效應就不斷擴大。即三者之間構成
一個體系之後，每一體系的元素，發揮比三者相加更強大的力
量，創造最大量的成果。是以，立法式領導的核心作為在於整合
或增大交集，使其一致地、連貫地作用於成果的追求，發揮加乘
或倍數的效應。

圖2.1：刺蝟概念

資料來源：Collins, J. (2001). *Good to Great*. NY: Harper Collins Publisher: 96.

　　其實，關係組織的健全，熱情的激發、資源的配置，及幹才的部署三者，還是以幹才的部署居於槓桿地位，由領導者架構願景，吸引同仁的熱誠投入；籌備與配置適當的資源以成就同仁寄望的願景。是以，組織應以招攬深具才華之士，為組織成功運轉而謀。不過，組織要延攬的人士有二：一為得能提振的人（refresher），即對組織所要追求的夢想，可以積極鼓舞，對領導者的才華可以注入轉化的力量者；二為得能精緻化的人（refiner），即對同仁提出的觀念，可以加以整合及進行創造性轉化，對組織研擬的願景進一步澄清，使同仁均能理解，而投入自己承擔的任務（Maxwell, 2007）。反之，組織對

另三種人就應審愼衡量，以免組織遭受掣肘，一爲忠實反映者（reflector），只能反映組織投入之任務，對之未能有所附加，亦未對之縮減；二爲權變化約者（reducer），對組織所追求的願景及努力的標竿加以化約，以符應自己堪受的層次；三爲強度拒絕者（resister），既否認領導者的才華，妨礙他或她的努力，阻礙組織想望追求的願景。因之，對人力資源的審愼篩選，區辨五R的歸屬，從中延攬屬於前二R的新血，注入新火花，可以因而轉化組織的運作，強化產出高績效的四大支柱：警覺外在變化，權變對之因應；授權賦能員工，作成平常決定；對應情境變化，運用嶄新機會；充備組織資訊，提供資訊科技（Light, 2005）。

3. 形塑對話文化

組織既然是群策群力的場域，更是需要情願合夥協力才能勝出績效的有機體，所以有必要於平常運作中形塑對話的風氣，化解各造的理解落差，組合步調一致的作爲，發揮因一致或連貫行動所產出的合超或擴大效應。是以，組織領導者在平日的領航旅程中要有這樣的修爲：

(1) 平等對待同仁

每位同仁在決策形成過程中，均有表達意見的機會，不會受到任何強制力的影響，而壓抑自己的想法，只希望藉提出的意

見，刺激再思，形成聯想，帶來整合，增加深入。

(2) 屬行同理傾訴

在同仁針對議題進行對話之際，要全力針對別人的見解傾聽，並站在他或她的立場找到：對方所論述的內涵、旨趣的所在，以及已得到各方所認同的觀點，再進行建設性的搭配，使最終的內部調適、外部因應策略更具全局性，並未完全受到單方意思表示的宰制。

(3) 呈現各方假定

對話的目的在消除理解的落差，而落差的造成，每因參與論述者所立基的假定不明，未能進一步以理性的標準來評斷假定的妥當性或合理性，而茲爲了消除無端的誤解，領導者要引領各造勇於明示出自己政策主張的根據，再就根據分辨其合理的程度，而決定政策主張要如何取捨，如何去蕪存菁。

(4) 欣賞風格展現

組織內決策的場域，領導者要誠摯地承認他人的思維，具有啓發性，以改進自己思維不足與盲點，協助建構較爲貼近系絡、問題、方案及目的的觀點，而使四者之間並不存在彼此之間連結的罅隙，爲方案的結構築造關照全局的架構，掌握居中策應的層面。

　　總之，組織的運作要有民主風格，要能納入不同聲音，要能聚焦共益，建立彼此互信，養塑鑑賞氣度，解放固執思維，以建立互為主體性的共識，方能體驗對話文化的優勢，以及由其所創造的機會，規避因意見宰制而滋生的劣勢，及因而衍生的威脅。

　　立法式領導由於為取得組織議事或決定的順暢，不致因嚴重的意見分歧，而出現整合的困難，於是領導者就要四處尋覓感人篇章，激發行動、築造信任、傳輸價值、誘引同心、分享知識，馴服傳言及分享願景；部署刺蝟效應所開啓的情境，整合熱情的召喚、人才的安排及資源的配置，使其彼此連貫，形成體系，導致構成體系的每個要素，相互強化，而構築成一個全局關照的整體，產出巨大的能量來對應組織的演化；形塑對話文化，提供理想的言談情境，讓每個人得能發抒己見，再透由交流而形成共同見解，因應組織所面對的任務，創造出最大的成果。

三、效用

　　立法式領導在憑依充分的運用下，以及對應該領導方式的作為，已啓動運轉之後，組織的運作就可能進行創造性的轉化工程，建立合理的領導模式，領航組織突破瓶頸，駕馭飛輪踏進有機演化的過程，而漸進邁向四A的境界（Light, 2005）：

1. Alertness（警覺）

組織若能嗅覺到內外在環境變遷的來臨，似乎沒有理由不進行一些因應的配置、更新、限縮與重建聯盟的舉措。而在當今不確定性已呈常態的世界裡，政府規制時有更調，非營利組織亦有可能隨時介入公共治理的行列，經濟又有榮景或蕭條的變化，組織的人力結構時有流動，知識與才華的傳承每有出現罅隙的時刻，組織的合夥人時有解約的可能性，需要重新尋找結盟的對象，政府的預算有時因其他新增預算或重大焦點事件的排擠，而有所挪移，導致組織原本穩定的財力來源受到衝擊。凡此，均是組織生存所要因應的課題。因之，組織無權利走向惰性之途，而喪失重新尋覓立基的時機。

再者，組織平日運營所根據的假定，亦因內外在時境的變遷，逐步失去契合的程度，於是在效度上就出現弱化的情勢，引發與之對立不同的說法，而導致立基其上的情境、問題、方案與目標觀，滋生合理性受到挑戰的危機，衍生方案失靈的情勢，減低與其他同屬領域組織健康競爭的能力。這時，因組織厲行立法式的領導，容忍不同聲音的表達，互異視框的出現，圍堵集體盲思的滲透，事先警覺到變化的指標，蒐集到變遷的警訊，以便進行準備性的對策，隨時接軌演化的情境。

何況，在組織人認知限制的制約，支持決定的資訊並不周全

的情況下，決策者容易陷入謬誤的假定使用，而使假定的弱點隨勢出現，逐步增加立基其上的決策風險，均有賴機警的組織人，透由不同視框的監測，儘早將已瀕臨風險的假定發覺，重新建構支撐新環境的假定，以利組織的成功運營。只是，假定瀕臨風險的演化，在集體盲思的情況下，不易加以察覺，有賴立法式領導的運轉，從同仁建設性對話的過程，發覺整合性的假定，並由其產出刺蝟效應，幫助組織追求卓越。

總之，決策立基的假定在歷經時間及空間的遞移之後，一則效度會發生變化，開始步入失靈之境，二則本身存在的脆弱性無法再隱藏，而出現使命難成的風險，斯兩者的化解或緩和，有賴立法式領導的落實，從眾聲喧譁中指出，原本所認定的假定，業已出現謬誤或存有弱點，有必要改弦更張，才能產出由妥當假定支持的決策。

2. Agility（機敏）

組織一旦警覺內外在時境的變化，原本支持組織作為的假定，在妥當性有所動搖之際，並提出時限警告，示警相關職司要在一定時間內作出對應嶄新時境的反應，以免組織產生與情境脫臼的情形，導致卓越績效的勝出失去支柱，而發生無由而出的現象。

　　美國在加州經營的華盛頓互惠銀行（Washington Mutual），在面臨多元不同銀行吸收客戶存款之競爭，深恐原本客戶的流失，新客戶又不願成爲顧客的風險，於是在職司者的領航下，運用成員之間腦力激盪的方式，提出十個月定存，又可在期間內加存與原初存款額度相同的數目，一起享受年利率5.45%的優惠，同時經由支票帳戶享受其他的優待，得於全球各地提款支用以應需要。而這項優惠的時間，只定到二○○七年八月二日爲止，可說時間至爲緊迫，於是誘引到不少的客戶聞風響應，一時間爲銀行爭取到不少的游資，增強貸款的能力，擴大顧客的關係網絡，累積不少的社會資本。

　　這項專案的推出，顯示領導者運用衆人的智慧，結構出至爲創新的安排，授權賦能給員工，使其從平日與客戶的互動中洞悉他或她的心理，並利用參與決策的機會，反映出時代最具致命吸引力的存款配方。換言之，組織主事者要機警靈敏，必須適時反應變遷的情境，以及遭遇到的新威脅，以免自己的惰性，而導致組織疆界受到入侵，毀損自己的生存空間。

　　領導者及被領導者在形塑互爲主體性的過程中，一方的見解，牽引另一方的反省、吸納及整合，在回饋給對方進行同樣的過程，因而綜合而出的方案，一來機警到時境的變化，二來敏捷地回應組織所面臨的威脅。在當今未來充滿高度不確定性的情況

下，準確的預測不易爲之，每要運用立法式領導，從對話過程中展現機敏度，隨時掌握變化的軌道，推出契合的對策。

3. Adaptability（適應）

組織在面對以變爲常態的時境，要有創新才能因應時境的變化。不過，組織在創新的過程中不能出現阻擋創新的作爲，比如一昧拖延、口是心非、等待分析、中斷追蹤、不斷會議、儲放而忘、等人先試、誇大成本及固守常規（Denhardt, Denhardt & Aristingueta, 2002）。蓋這種情勢一旦出現，每每延宕創新的出現，抑或創新無由而出，致使組織無法適應組織環境的演化，調整必要的結構，推出對策以解決新的問題情境。

在時下講求民主化創新的時代，以領導者爲中心的創新作風，恐怕只會反映出他或她的關照層面，不易引發對組織得能貢獻者的共鳴，也可能在落實之際，因爲意思表示的不一致，抑或認爲領導者的創新架構，前後出現無法連貫的情形，乃表現爲極端勉強的執行合夥人，雅不願協力完成創新的實踐。是以，這時若能兼顧被領導者爲中心的創新，從其實際與服務對象互動的過程中，理出服務對象所冀求的創新，當更能適應內外在情勢的變化，不致出現調適策略與之存有罅隙的問題。

適應本是組織契合環境演化的前提，擴大生存空間的基礎。

不過，適應的策略不能延宕，以免本身的過時性，以致對組織帶來雙重的損害，一為投下鉅額的沈澱成本，增加組織負擔，排擠資源的合理配置；二為加大組織脫離環境的距離，不易連結支撐生存的利基，而腐蝕組織的權力版圖。再者，在講究創新的民主化之際，以領導者為中心的領導模式，極易造成被領導者的疏離，而降低對組織的承諾感，不利於創新的落實，抑或找到對應變遷情境的創新，維護或擴大組織的勢力範圍。

4. Alignment（連結）

組織本身由多元不同的元素構成，不但內部要有交集，作為要能連貫，部門間要能協調配合，而且外部要對服務對象進行顧客或公民關係管理，使其成為永續的支持者，誠願回饋富建設性的思維，協同組織提升使命完成的品質；更需與同屬領域的組織，維護健康性的競爭，有時甚至建立策略聯盟，創造合超性的績效。因之，這項事工的達成，組織之主事者，就要厲行立法式領導，一來扮演協商的角色，與對組織有貢獻者，商議共同的目標，擬定爭取的專案，並以交疊共識的方式，達成各項必要的作為；二來扮演形塑團隊的角色，致使整個團隊發揮倍數效應，而超過每個團員各自獨力工作所得成果之合。

立法式領導運用對話，開放同仁之間相互商議的空間，經由共同的推理過程，致使參與者建立更深層的關係，形塑共同的認

同，評量不同方案的成果與效益，以及最終方案選擇的基礎，並因部屬本身亦是決策者之一，與組織決策連結在一起，負有成敗的共同責任。而在本型領導精髓運用到極致，則員工共同以熱誠來追求目標的實現；展示自律的行為，完全配合完成使命的實踐；兩者因此建立持久的關係，認同他或她的工作，滋生對組織的忠誠，不致視目前的組織只是生涯規劃中的一個跳板而已。

尤有甚者，組織的各個單位如若因領導者的失靈，導致不同單位之間溝通、協調和合作的困難，各自追求自己的想望，抱持互異的目標，投入追求績效的努力或步調不一，進而喪失外部所提供的機會，浪費組織有限的資源。是以，為了防止員工對組織的疏離，隨時擁有見異思遷的準備；鼓舞員工貢獻才華，善用組織有限的資源，使其發揮物盡其用的效能，創造出卓越的績效，領導者要展現領導才華的智商（Murrphy, 2007），讓對話理性可以勝出，員工對組織向心力可以培養，資源的健全使用得以達至。

組織的對內與對外連結，為創造組織由平凡走向偉大的路徑。不過，這條路徑的開拓，領導者的才華智商扮演極端重大的角色，提供對話的場域，進行坦誠的溝通，以道理作成決議，引領組織人的順服，共同為決議之落實而打拼。蓋連結為產生倍數效應的動力，推動組織飛輪的力量，致使組織擁有熱情投入的標

的，牽引推動標的優質人員，備妥進行轉化所需要的資源，致使上述三者得能連貫起來，則有賴於立法式領導來居中策應，排除內隱或外顯的衝突，結合優秀的團隊，從事協力的旅程。

結　論

　　企業組織的領導者通常擁有較大的決斷力，比較容易推動行政式領導，以領航事業的發展。不過，社會領域所屬的組織，由於治理所涉及層面較為複雜，權力結構又較分散，所以需由立法式領導來消除部門之間互異的視框、衝突不同的意見，建構步調合一、行動連貫的作為，進而克服不健康性的競爭，高度不確定性的政經社文環境。因之，為了成就組織長期以追求偉大的使命，組織之主事者責無旁貸要負起正確決定的形成，姑不論過程是如何艱難與痛苦，每要精準地落實立法式領導，用以聚焦組織熱情、部署資源及人才招募。歷經前述三節的分析與釐清，本型領導的落實，領導者要扮演八項角色：

1. 論證者

　　領導既然是互動說理的過程，更是兩造從事建設性互動的場域，為勝出有益於組織的決策，雙方就要從事合理性論證的較勁，經營以理服人而非以力服人的事工，以克服被領導者的事後

抵制，不願參加合產的工程，甚至引出離轉職的窘境。

2. 敘說者

領導者要敘說具有風格的故事，眞實社會發生的情節，反應時下組織的狀況，並透由易懂的傳遞媒介，引發組織同仁的共鳴，集中全力關注組織的要務，並以協力的方式，勝任組織的使命，克服不確定環境所帶來的挑戰。何況，組織感情又是組織人凝聚向心的黏著劑，每要由動人故事的敘說，點燃完成使命的熱情。

3. 處理者

組織同仁由於過往歷練的背景，學科領域的訓練不同，每會有見解衝突的情勢，領導者就要針對這項優勢，引領不同假定的呈現，再從其有效度及脆弱性，進行評比，並融合可以並存的行動主張，以爲同仁全力推動的標竿。蓋推動組織的願景，既然有賴全體組織人的配合，則原本因視框不同而造成的衝突，就要盡力加以處理，以建立同仁在行動主張、組織運轉、使命追求及任務推動上，得能採取先後連貫、步調一致的作爲。

4. 凝聚者

領導者非常希望發揮刺蝟效應，一來消除同仁之間的隔閡，連結成一體共事的情感；二來養塑幹才，經練科技，駕馭優良文

化，以提供低成本的服務；三來集中組織資源，共同驅動所要完成的使命，所以他或她要扮演凝聚者的角色，將前三者匯聚在焦點上，充分配合核心任務的成就，並達至偉大的境界。

5. 組構者

領導者要組構充分協力的團隊，一則連結團隊的行動，共赴設定目標的追求；二則確保對應目標追求的資源，以及負責目標落實的人力，不致匱乏而失去足夠推動的力量；三則管理團隊的內外關係，使其向標定的目標邁進。不過，他或她要預防團隊過度的凝聚力量，不容不同意見的交流，導致團體盲思的窘境。

6. 傾聽者

領導者要進行同理性的傾聽，將員工的意見聽進去，並將其轉化成組織決策的內容，使其對決策產生認同，願意以合產的方式來加以貫徹。如若員工的意見只限於意見表達而已，並不能對組織終極決策產生任何的影響力，有效執行既定政策，甚至玩出負面執行的遊戲。

7. 偵測者

領導者不能故步自封，而要彈性回應內外在環境的演化，儘早診斷及減少環境威脅，以防護組織的福祉。是以，領導者要應用各種不同的工具，將內外在環境的演化資訊吸入，並進一步加

以研判，以提出影響不同環境的策略，用以鞏固組織的利基，增強介入健康性競爭的工具，贏得嚴厲的挑戰。

8. 選才者

組織任務之成就，人力資源優質是首要條件，所以領導者要審慎區辨人員的不同，一來選用得能提振組織能力者，以裝備應付挑戰的人力資源；二來擇用得精緻化的人才，容易浸潤所提出的見解，進而整合或進行創造性的轉化，而創設出建設性方案，足以應付由內外在環境而來的壓力，解決組織所要面臨的問題，生產亮麗的成果。

公共與非營利組織的運轉，由於受到社會領域的影響，導致治理及權力結構的複雜性，主事者必須經營相互協力的關係網絡，所以單一行政式領導，比較不易進行整合，較易造成員工對組織的疏離，以致難以啓動合超效應產生的觸媒，而要以立法式領導，展現謙卑無畏的毅力，謙遜而決心的作風，領航團隊邁向組織願景之途。這樣一來，憑依就要改變，作為也要調適，方能將兩者連結為組織帶來4A的效用，致使組織脫離平凡的束縛，認真面對殘酷的事實，安排幹練之才應對挑戰，並以簡單概念進行全局的整合，養塑紀律的文化，透由科技的催化，推動組織飛輪的運轉，而將組織帶上偉大之境。

參考書目

Abrahamson, E. (2004). *Change Without Pain*. Boston, MA: Harvard Businesses School Press.

Bloomgarden, K. (2007). *Trust*. NY: St. Martin's Press.

Collins, J. (2001). *Good to Great*. NY: Harper Collins.

Collins, J. (2005). *Good to Great and the Social Sectors*. Boulder, CO.: Harper Collins.

Davenport, T. H. (2005). *Think for a Living: How to Get Better Performance and Results from Knowledge* Workers. Boston: Harvard Business School Press.

Denhardt, R. B., J. V. Denhardt & M. P. Aristigueta (2002). *Managing Human Behavior in Public & Nonprofit Organizations*. Thousand Oaks: Sage.

Denning, S. (2005). *The Leaders Guide to Storytelling: Mastering the Art and Discipline of Businesses Narrative*. San Francisco: Jorsey-Bass.

Dunn, W. N. (2004). *Public Policy Analysis: An Introduction*. NJ: Prentice Hall.

Lanke, E. (2006). *Collaborative Advantage: How Organizations Win by Working Together*. N. Y: Palgrave.

Light, P. C. (2005). *The Four Pillars of High Performance*. NY: Mograw-Hill.

Maxwell, J. C. (2007). *Talent is Never Enough*. Nashivill, TE.: Thomas Nelson.

Murrphy, E. C. (2007). *Talent IQ*. Avon, MA: The Platinum Press.

Neilson, G. L. & B. A. Pasternack (2005). *Results*. NY: Crown Businesss.

Pfeffer, J. & R. L. Sutton (2006). *Hard Facts, Dangerous Half-Truths, and Total Nonsens*. Boston, MA.; Harvard Businesss School Press.

Rothberg, H. W. & G. S. Erickeson (2004). *From Knowledge to Intelligence*. Boston: Butterworth-Heinemann.

Yankelovich, D. (1999). *The Magic of Dialogue: Transforming Conflict into Cooperation*. NY: Simon & Schuster.

Yukl, G. (2006). *Leadership in Organizations*. Upper Saddle River, NJ:Prentice Hall.

第三章

衝突領導

衝突是今日任何組織無法避免的現象，更是領導者必須克服的挑戰，以便永續維持競爭優勢，鞏固所屬組織的生存空間。蓋一個組織的成員，很可能在種族上、政治意識形態上、人格屬性上及情緒韌性上存有巨幅的差異，於是，在組織如何針對內外在環境的演化，提出鑲嵌性的對策上，就會出現不同的政策主張；在解決組織各項迫切問題上，成員之間依循各自先前已形成的認知、評斷及情感取向，提出互異的問題認定觀、方案準擬觀及追求目標觀；在提升組織績效上，有的重視協力夥伴關係的建立，有的強調有效的簽約外包，有的堅持組織運作流程的簡化及再造，有的主張採用藍海策略以開創無人競爭的組織顧客。

這些爭端如未能適當地處理，對組織可能帶來一些不利的後

遺症：一來組織同仁之間的關係日益疏遠，有些部門甚至逐漸形成本位主義的作風，建構各自專屬的地盤，不容他人的入侵；二來組織決策的本質可能受到影響，因為衝突的氛圍不利於員工的政策參與，以致決策所要依循的相關資訊不能順利到位，甚至只是在單一視框的主導下而作成決策，難免思之未深、慮之未遠，而殃及決策的健全性、接軌性、回應性及同理性；三來人力資源的流失，蓋組織衝突如未能適時化解，每每動搖員工對組織的向心力，而尋找他就的機會，浪費組織業已投入的人力培塑資本；四來組織職司者為了減少衝突員工之間的互動，而進行不必要的結構重組，重新安排任務的設計與流程；五來員工的工作士氣亦因要與不易相處的同仁共事，以致壓力、緊張始終未能消除，而受到腐蝕（Dana, 2001）。

　　組織領導者在面對衝突無能避免，以及衝突處理不當對組織引起不利衝擊的雙重壓力下，究竟要抱持哪些思維方不致於惡化衝突的範圍、升高衝突的程度與延宕衝突處理的時機；而在妥當思維的引領之下，該採取哪些積極作為，順時順勢解開衝突的情結，使組織得能回復健全運作，逐步邁向設定追求的目標；而衝突領導的重要性、迫切性及目的性何在，以激勵組織主事者在面對衝突倍增時代對之加以講究，一則減少嚴重的衝突後果，二則再度引領同仁協力完成組織使命。凡此三項重要議題，乃構成論

述的焦點。

一、六不思維

　　組織衝突一旦發生，領導者首要認清自己是衝突情境的調解者，試圖想方設法化解衝突的多元情結，以恢復健全的運作氛圍，防止任何對組織破壞行為的發生（Gerzon, 2006）。是以，千萬不能扮演煽動家的角色，而將原本較為單純的衝突情境弄得更加難理，進而要投入更多的人力、物力及時間資源，處理衝突的問題，甚至引起排擠完成組織使命的資源安排。而要扮演稱職的調解角色，六不思維的識透恐就極為重要。

1. 不藉機煽風點火

　　衝突領導者要靈敏地設定衝突的系絡，掃視組織環境、預期重大變遷、決定採取行動、設下行動範圍及預定期欲成果（Joiner & Josephs, 2007），千萬不得憑藉情勢的混亂，煽動衝突的相關當事者，擴大爭議的層面及範圍，複雜化原本衝突的本質，增加調解的議題及困難度，而只聚焦於原本爭執的事件，方便找到可能協議的空間。蓋領導者及其團隊如若將爭執議題無限上綱，反而會升高衝突的廣度與熱度，激盪利害關係人的情緒，不利於依循理性管道化解爭執的情結。

　　台灣海釣船於釣魚台海域遭日本海上保安廳巡邏艇撞沈，引發台日政府之間的政治衝突，原本應就事件本身的事實原委進行瞭解，事件發生的系絡進行分析，釐清出雙方責任的歸屬，再以軟著陸的外交途徑進行合適地處理。如若一方政府把撞船事件無限上綱為主權保衛戰，意圖升高為台日衝突，均非衝突領導者所適宜為之的行為。蓋這樣的做法只會加強目前的衝突，規避所涉議題的複雜性，毀損政府間所有可資彌縫的管道。

2. 不尋找代罪羔羊

　　任何衝突情勢的發生，每每牽涉到多元的利害關係人，其中每一個人或多或少均要負責部分滋生衝突的源頭，斯時領導者一定要盡量以事實、證據及資訊作為釐清衝突來龍去脈的基礎，不可隨意聽信半真半假的傳言，抑或完全講不通、不合道理的說法，以免因真相掌握的疏漏，而在責任歸屬的定位上，失去權重的妥當性，無法獲得利害關係人的信服，猶然蘊藏衝突的基因伺機找尋衝突再起的缺口。

　　衝突情勢向來不太可能在找到代罪羔羊，進而以其他議題來取代衝突系爭的議題，甚至轉移原本組織所關注的課題。蓋代罪羔羊可能是一位心不甘、情不願的參與處理衝突者，在咎責可忍受的門檻上也有一定的限度，如領導者的作為逾越了限度，其為了展現自尊，提出較為妥當的衝突論述，在經驗上較為令人相信

的說法，在原則上較為人遵守的主張，反會傷及領導者的權威，甚至引發另外不利於組織的聯想。何況，在問責不當的境況下，造成員工對組織疏離的現象，影響到組織績效的增進。

3. 不聽信單一說法

每個衝突各造將會對衝突情況說出一套情節起伏的故事，試圖將責任推給其他涉入的人。不過，每一個人可能只就對自己有利的層面加以敘述鋪陳，而未能顧及情節之間的連結性，進而回顧出原本衝突問題的原貌，理解出事件的經緯，發現衝突情況與過往事件的類似與不同的情形。

聽信單造的說法，易使領導者因並未應用他造的敘述內容，而欠缺反思性的判斷，用以認定較為接近的衝突實況，抉擇出兼容並蓄的解決方案。尤有甚者，這種反思性的判斷，其他故事情節的參酌，將可提出較為中肯的情節敘述，得到各造支持的化解衝突方案，不致一直陷入衝突的困境之中，延宕組織重大課題的突破。蓋衝突各造不能只重視自己的主體性，而要由領導者平衡的考量，創造出互為主體性的情節，方能較為圓滿地解決衝突的情況。

4. 不仰賴意識形態

意識形態原本是組織成員長期經過社會化過程所養塑而成的

認知、情感及評斷取向，不太容易因經歷不同經驗而改變，亦難以因環境的演化而調整，領導者若欲堅持以意識形態來詮釋衝突的本質，選擇處理的方案，可能無法對應衝突所生的系絡，並與實際的衝突情形脫節，進而激怒衝突的一造或多造，加深衝突的複雜性，增加解決的困難度。

　　事實上，個案處置的經驗恐是較佳的處置基礎，蓋經驗是組織過往處理問題所建立的先例，將其作為當今處理衝突問題的準據，再針對差異之處進行適度的調整，才不易產生脫軌的情勢，破壞組織安定氛圍。何況，過往的先例或經驗知識，本是人類處理資訊所依賴且較為可靠的認知捷徑（Kahneman, Slovic & Tversky, 1982）。尤有甚者，衝突的處理本是極為專業的過程，但憑意識形態對待強烈衝突的化解，恐會失去事件本身的對應性，非但毫無助力，恐激化衝突的強度。

5. 不受媒體的誘導

　　各類衝突的處理本身依賴相當專業的知識，才能針對系爭的問題，提出具說服力的論證，備妥各造得能肯認而支持解決方案的理由，不致引發另階段、另層次的紛爭，破壞原本已建立的有效互動關係，經營雙贏的互動作為。是以，一時衝動缺乏知識基礎的過激行為，只會弄亂情勢，但對衝突情勢的化解則於事無補。

　　媒體向來在解決衝突過程中並不缺席，但因其無法擺脫意識形態的宰制，再加上對各類議題的專業知識不足，無足夠的能力提出兼顧各造的平衡作法，反而會凝聚一定的民氣，動搖組織的想法，甚至失去合理追求的方向感，而作出不甚得體的舉措，誤解衝突一方於衝突過後所展露的作為。蓋正確的方向感，根據專業知識而確立後，主事者所提出的解決方案，會以建設性的作法納入衝突各造的想法及需求，鼓舞衝突各造的認同，即便方案的最終成果要繫之於長遠未來的努力與耐心作為。

6. 不能慌張失方寸

　　領導者有效處理衝突所要採取的行動必須以沈著鎮定為基礎，尋找攸關衝突情境的可靠知識，以利部署解決衝突的套案；也要全神貫注衝突的整個過程，蒐集與事件有關的專業論述；針對即將處置的方案，為使其績效顯著，綻放出常態的運作，衝突各造誠願投入往後的發展，更要以超然公平的心態對待發生的衝突。換言之，他或她情緒不得慌張，方寸不可大亂，而做出過當的處置行為，採取不符比例原則的因應措施。蓋這樣一來，反而會增加衝突情境的複雜性，衍生需要更多資源投入才能解決的問題。

　　領導者在處理衝突事件時，一定要一直維持清醒，隨時掌控衝突的動態演化，以及相關的第一手資訊，並進行各項行動的衝

擊分析，以理出多元整合的處置方案，既不失自己的尊嚴，又不傷害衝突各造的主體性（Greene, 2006）。蓋領導者的情緒一旦失控，恐懼與防衛每會如影隨形，傲慢與僵化亦不易擺脫，壓力與緊張更經常出現，以致處理衝突的智慧、情緒智商及追根究柢的智商就會有所不足，而未能謀定而後動。

領導者對六不思維的深植與運用，方可找出處置衝突的妥當途徑，減少對情勢的誤解與判斷，不致做出反作用力極大的行為，擴大爭端的範圍，破壞原本可資彌縫的空間。尤有甚者，衝突的有效化解，領導者平日就要認真養塑定靜的耐力，才能在衝突出現時鎖住問題的焦點，不被媒體誘導，而能就衝突的事實理出平穩的處置套案，兼顧衝突各造的相互主體性。

二、處置作為

組際間及組織內一旦發生衝突情勢，衝突各造均要投入各項人力、物力及時間資源，處理或化解衝突的態勢，以免惡化到無可協議的空間，喪失彼此之間可以締造的協力優勢，即組際之間及組織內部，藉由有效工作關係的發展，完成比單獨行為更多、更有價值的效益，並且使用更低的成本（Lank, 2006）。因之，組織的領導者平時就要保持清醒，從事各項情勢判斷透視潛在性的衝突，轉化已發生的衝突，而使運作常態得以恢復，不致傷及

組織的靈敏性。至於領導者針對潛在及外顯的衝突，要有哪些有效的處置作為？

1. 預防衝突發生

衝突處理的上策乃是組織領導者平日已對同仁社會化或形塑相關衝突的知識，教育部際如何溝通歧見的技巧及能力，養成成員不自見、不自是、不自伐及不自矜的教養，學習接納他人富建設性但不同的洞識。尤有甚者，領導者要讓與其共事者認清自己處事的視框，不一定擁有統整性，且已關注到事情的各個層面；理解到議題之間的關聯性，規劃出彼此配合支應的套案，非常有必要吸納他人的經驗、見解與構想，作為自己原本視框的反省之用，以彌補自己視見的不足，建構較能全局治理的專案。

就以此次台灣海釣船聯合號被撞沈的事件為例，原本的衝突是可以預防或避免的，不致釀成一段劍拔弩張的氣氛，傷害台日已建構的協力關係。蓋相關主事者如能事前將相關的海事避碰等專業規定，教導給船長，船長在碰到緊急情勢，就有正確的因應之道，不致發生被撞的情形；將「娛樂漁業管理辦法」的內容，徹底周知給海釣觀光船的船主及海釣客，使其知道可以自由運轉的海域，不至於出現在會產生紛爭的海域；將過往發生過的慘痛經驗，讓相關人士瞭解，可以事先免掉代價高昂的風險。因之，事前妥當的海事教育訓練，教育相關人士正確的知識，才可以防

患衝突於未然。何況,當衝突的一方相信,一旦發生衝突之後,對自己及相關職司者所造成的損害及麻煩,超過所帶來的效益時,避免衝突乃是理性的考量(Cloke & Goldsmith, 2005)。

2. 探索衝突冰山

已發生的衝突,其所出現而為各造爭議的議題,可能只是衝突冰山的一角,領導者若只對凸出表面的議題加以處置,而對更複雜的衝突因素,以及較為深層的隱性情結,無法加以認知與揭露,則衝突的情況就會一再發生,僵局幅度猶在擴大,衝突各造仍抱持高度敵對的態勢,無法扮演共同創造者的角色,實現對各造均有益的目標。是以,領導者應致力探索衝突冰山的底層,從中理出引發衝突真正關鍵的背景及因素,致使衝突一方不再處於過去的陰影中,並將已現的冰山,雷同於過往不同時代所經歷的慘痛經驗,滋生對各造均不利的衝突。

有關衝突的冰山可由圖3.1加以表示,由圖3.1的結構中,吾人或可得到四點啟示:

(1) 過去未解決的議題,抑或遭遇到的傷害,往往左右或影響敘述凸出冰山議題的根據,並作為厭惡或攻擊衝突另造的標的。

(2) 六個未現的冰山層次,彼此均有連結的窗口,以作為衝

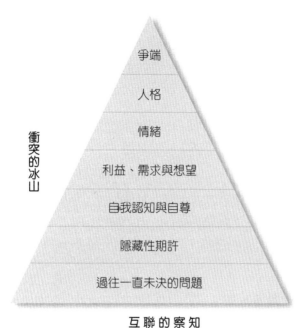

圖3.1：衝突的冰山

資料來源：K.Cloke & J. Goldsmith (2005). *Resolving Conflicts At Work*. San Franciso: Jossey-Bass.

突一方結構與他造衝突的理由；如領導者未能透視六項因素的連結鏈，察覺彼此之間的相互關聯性，乃使衝突不易化解。

　　(3) 領導者與衝突的各造，進行多回合的交流與瞭解，才能

逐步消除各造對情勢的誤解或錯誤解讀，揚棄表面的徵兆指控，找到潛伏因素，導致冰山一角的浮現。

(4) 人類常受困於表面徵兆，無心追根究柢事情的真相，常是衝突延續的主因，更是問題不能終結的關鍵。

由是觀之，領導者要由凸出台面的衝突冰山，循線逐級下探，理出主角之間產生衝突的因果鏈，而將最底盤的衝突源頭找到，再由主角射準該源頭一舉排除左右衝突的陰影，不再對原本感到困擾，而與衝突另一造發生紛爭的事所折磨。所以，衝突的調解是一種尋根或察覺的歷程，由一層冰山找到另一層冰山，千萬不得受到冰山的抵擋，而未能找到引發衝突的深層因素與背景。

3. 以證據為導向

衝突領導是一項循證管理策略的應用，一則要切於實情，針對確實的衝突情境，找到可資切入的管道；二則契於系絡，關注圍繞衝突的廣大系絡及建構相關的情節，以理出衝突過程的原委；三則基於因果，覺察事件之間的關聯性，方不至於倒因為果，抑或倒果為因，而對衝突的事件有了全盤的掌握，有助於確定衝突各造的合理責任歸屬；四則據於事實，凡事仰賴具體的證據，而非半真半假的傳言，抑或任由衝突一方隨意編織的論述；五則成於對話，重視程序理性，而由多元不同的關係人，共同溝

通不同的意見，促成各自進行反思性的判斷，反省各自視框的盲點，達成對事件彼此可以接受的理解，再共同研擬出化解之道，趁熱讓各造由衝突中釋放出來（Pfeffer & Sutton, 2006）。

領導者最忌諱以主觀的判斷，媒體建構的模擬情節作為處理衝突的依據。蓋這樣一來，領導者可能採取錯誤的策略，升高衝突的程度，造成嚴重的危機。是以，領導者隨時要保持清醒，注意形勢的演展，不受意識形態的左右，而要由團隊以機制尋找解決方案，定調採取的方針，不再滋生其他的插曲，進行衝突複雜化的滋擾舉動。

4. 雙向溝通對話

理解落差或不同參照框為衝突各造形成衝突的關鍵因素，領導者就要啟動雙向溝通的對話機制，以引出各方堅持立場所依賴的假定，透由以信任為基礎的溝通，擴大人類在彌縫歧見，和意見相互整合中產生創新的能力（Yankelovich, 1999）。

尤有甚者，當衝突的各造，各自持有不同的世界觀，此時經由領導者所發動的建設性對話機制，促使各造有機會面對面的互動，逐步縮小原本的理解落差，以創意的方式試圖將各方的視框加以接軌與整合。換言之，領導者在主持諮商談判或爭議解決的過程中，經由對話促成雙方的理解，並扮演消融立場執著

的觸媒，開創參與各造對更深層利益的覺察及體悟，進而鋪陳更建設性關係的通路，以及經由腦力激盪的場域，激發出全新的解決方案，用以應付組織內在調適與外在因應的課題（Gerzon, 2006）。

建設性對話的啓動，不只是增進衝突各造的論述本質，而在滋生對話的轉型力量，立下轉化衝突可採行動的基礎。蓋對話的進行，各造之間同理性、積極性及回應性的傾聽，彼此內化他人的觀點，一來提升彼此之間的相互理解，建立信任關係，瞭解平日習以爲常的假定，在時境大幅變遷的當下，已失去原本的妥當性，不可再堅持不斷引發衝突循環的單向視框，進而願以協力的行動，引領實質創新的發展（Roberts, 2002）。

5. 築造接軌橋梁

衝突各造的能量必須要將其釋放出來，方能進行衝突轉型的工程。是以，作爲衝突調解者的領導者就要成爲各造之間的中間人，以自己所擁有的社會資本，取得各方的信任，並在中間穿梭，理出涉入衝突者可以共同接受的觀點或處置方案，抑或可資協議的空間，暫時擱置各造零和競賽的議題，以免協商容易限制僵局，無法諮商出共同可接受的處理（Gerson, 2006）。

衝突情勢的化解，主事者安排中人以向各方化解歧見，說服

雙方雖不滿意但猶可接受的方案，乃是極爲正當的作爲。公投合法化的黨際爭議，延宕經年，最後之能建制，政黨面對選舉壓力而鬆綁緊持，雖有一定的作用力，但中間人的磨合與說服是促成公投制度化的最後一道力量。總之，在衝突存在的情境，衝突轉化的先決前提，恐是建立跨越界線或藩籬的橋梁，找到雙方均有信任關係的中間人。

6. 信守十一戒律

領導者在面對衝突的情境時，要瞭解與應用向來由研究與經驗提煉而成的十一個戒律，方能快速而有效化解有礙組織進展的衝突，聚焦組織力量於標定的使命，促使各部門的力量及知識相互協力，得於預定的期限內完成，再承續另一階段的專案。這十一戒律分別爲（Murphy, 2007）：

(1) 快速面對及處理

衝突形勢本易擴散或成長，所以爲防止形勢的難以掌握，需要更大的介入之前，就加以化解，進而恢復組織運作的常態。

(2) 以機會界定衝突

領導者不必把衝突視爲組織的問題，而要將其界定爲組織改進成長的機會，幫助組織藉機澄清與劃定各自職司的責任，以作爲完成組織使命的方向感。蓋衝突本身蘊含能量及氣氛，有時其

會帶來傷害或破壞，但有時亦可將能量引為有益的用途，激起凝聚的質素。

(3) 評估個人的風險

領導者不可將衝突處理的責任下放，因這樣一來就無法充分應用這個衝突機會，來證明自己是領導人的地位或身分，增加在部屬和同仁之前喪失正當性。

(4) 聚焦自己的職責

領導者在衝突情境中的任務在於：找出衝突的源頭，認清衝突的本質及所涉的關係人，注意及指揮衝突各造對情勢的折衷協調，不必親自跳到第一線，加入混亂的局面。

(5) 站在公正的立場

對於涉入衝突形勢的各方當事人，領導者不可有任何的偏袒，因為偏袒就有效表示支持一方，恐不易化解衝突的氛圍。不過，領導者必須針對衝突情境蒐集完備的資訊，以顯示各造的實際情況，知悉哪一方為衝突引起的源頭，至於責任的歸屬就由衝突各造以智慧「喬」之。

(6) 預防意向的誤傳

當衝突處理的過程中，如對領導者有了不實的誤傳或錯誤的

指責，就立即地加以矯正，以免快速地擴散，進而影響到後續的衝突處理。尤有甚者，領導者絕不依賴他人來改正誤失，或期待誤傳會自動消失。蓋衝突本身每會引發不良行為，包括對領導者抹黑宣傳，如不早點加以切除，說謊及諷刺會如癌症一樣不斷轉位。

(7) 聚焦於一項衝突

領導者處理衝突時，每次鎖定一項，不可同時處理多元的衝突情境，以免能量的消耗及失焦。誠然，一項衝突可能引起一連串的反應，又激起另外的衝突，但領導者堅持處理一項鎖定的衝突，乃向組織其他同仁宣示：處理衝突的風格與步調，不會為多元分歧的形勢鎮懾，而以沈穩的態勢一一化解衝突情境。

(8) 介入衝突不張揚

在衝突處理的過程，盡可能不對他人張揚現行處理的衝突，並將衝突的處置陷於一對一對話和小團體間的討論。尤有甚者，領導者要針對衝突的原因分離出來，並對之下對症的處方，而非對準可能在組織蔓延的所有表面徵候。

(9) 堅持各造的責任

在暗中與每位涉入衝突情境的各造互動對話之後，確定每造所應負的責任所在，再鼓勵他或她確認事實的存在。

(10) 追求使命的達成

在任何的情況下，衝突情境一旦獲致處理，不能宣示哪一造的勝利，蓋組織的所有成員本是爲標的對象及組織使命而服務，如領導者宣布哪一造獲勝，就暗示出偏護的對象及追求特殊利益的傾向。

(11) 對衝突永不畏懼

衝突情勢的發生並不恐懼，因爲其爲組織問題呈現的管道，但俟經領導者的居中調解，解開彼此的盲點，激發反思的機會，而開創出合超性的方案，促進員工與組織的強化。

十一戒律的信守，促使領導者得能在平順的場域中，進行對衝突的轉化工程，把個別差異化成各項機會，以供所屬組織的運用，結合所有同仁的力量，一直向願景一起共同追逐。不過，一項或多項戒律的背叛，將使衝突的情境擴散與轉位，更加複雜化衝突的經緯，導致不易處理的窘境，對組織的顧客無法滿足，更有礙於組織使命的達成。

衝突冰山的探索方使領導者洞穿眞正的衝突本源，也唯有將其循線探勘出來，藉以永續切除擴散的基因，致使衝突找不到縫隙，再度侵入組織的網絡。這或許可由信守十一條衝突處理的戒律下手，逐步找到衝突的源頭，而漸進加以化解。不過，衝

突的預防本遠勝於衝突的治療，所以領導者本要於平日探測各項運作情勢的演化及徵候，而於衝突即將萌芽之際就加以停止，釋放各造主觀建構的誤解。蓋愈早的預防行動，乃是最不複雜、最人性化及成本效能最高的管道，組織可以解決衝突紛爭的利器（Green, 2000）。

三、追求目標

衝突領導者在面對組織衝突之際，確實展現六不思維，根據各項證據及資訊，仰賴專業知識，察知衝突情境的演展，設定處理的方針，建立各造互動交流的平台，其所要追求的目標不外：

1. 重構現行思維

衝突各造所形成的思維，往往是編織行動主張的立論基礎，據以駁斥他造主張的立論，因而衍生在組織抉擇政策時大小不一的衝突，造成紛爭不小的僵局。這項僵局如未能設法加以打開，組織就無法即時行動，以對應重大的環境變遷，進而因競爭者的捷足先登，而縮小自身的利基，損及組織存在的正當性。

組織領導者由於肩負永續維持及修復正當性的職責，不得任令衝突猶如癌症一般隨意轉位或擴散，乃要劍及履及地介入衝突情境的處理。首先安排視框交流的平台，促使不同視框的對照、

交流及反省，察知各造原本存在的盲點，再吸納他人的優勢，組構出對應當下環境系絡的視框，推動各造可以接受的行動方案，盡可能縮短組織行動的空窗期，不致惡化已經存在的衝突形勢。

思維如若欠缺妥當性，又乏有效而可靠的資訊，就不易產生信實的視觀，構思出解決組織同仁共同關注的焦點議題之方案。是以，領導者為了以建設性的方式來轉型衝突的情勢，不能有意無意的使用偏差的資訊，導致決策的偏差或錯誤，造成不但衝突依舊，甚至因各造誤解的加深，而衍生不易化解的僵局。

2. 創造正面價值

衝突領導所追求的正面價值為：和諧、正義、永續及尊敬，絕非敵對、壓制、破壞和歧視（Gerzon, 2006）。蓋和諧本是協力的凝結劑，敵對只在各自消耗有限的資源，排擠重大議題的解決，更造成決策的推遲，慢性化問題的情境，致使組織要持久使用資源加以對抗，但無法加以根治。

正義才能關照各方的利害關係人所重視的標的，大家願意群策群力來完成組織的使命。而一造的意見受到壓制，組織採取行動有所偏袒，乃不易引起同仁對行動的向心力，終因一致步調的欠缺，而未能達及最佳化的境界。

永續發展是組織所寄望的，但前提是它不能分裂，抑或嚴

重衝突，導致人力資源的流失，未能保存組織絕對優勢的知識及能力，造成組織生產力的下滑（Beazley, Boenisch & Harden, 2002）。是以，衝突基因的鑑定，並加以改變，以促成組織永續。組織衝突一旦到達組織可以忍受的臨界點，則對組織的破壞就至為嚴重，不僅會喪失競爭力，而且促成組織成事的動力；執行力，亦因成員之間的嚴重失和，失去展現的動能（Bossidy & Charan, 2002）。

　　組際之間及組織內部，主事人員的相互尊敬，彼此展現策略性的謙卑，仰賴成員協力來成事，不得互相歧視，失去應有的祥和，甚至引發激烈的鬥爭，將會失去組織已爭取到的地盤，而由競爭對手暗中入侵。是以，一旦有了衝突情勢的發生，雙方一定要想方設法加以調解，化解誤會及形構共同的瞭解，以協力夥伴關係完成組織願景。

3. 建立領導品牌

　　衝突領導者在六不思維的運用下，與六項處置作為的應用得宜，就會取得組織人的認同，深信其擁有能力來接軌許多的人，使其對將來的期許，得由敦促員工的行為及組織的運作加以實現，不致受困於衝突的情境中，各方的迫切感不同，行動步調不一致，行動優先順序的認定有異，無法將各方才華資源並轅，順勢完成組織的使命與願景（Ulrich & Smallwood, 2007）。

這是一個講究品牌的時代，如一個人在衝突過程中，得能應用才華智商，在衝突的涉入者之間斡旋調解，化解相互之間的歧異，理出一條捷徑終結衝突的態勢，進而恢復組際之間及個別組織的常態運作，持續追求組織的使命，創造出為組織成員激賞的成果，則養塑出領導魅力，加深排難解紛的影響力。

4. 促進四性發展

衝突領導者為了順利調解或仲裁各造之間的異見紛爭，本會透過傾聽、觀察、會見及對話的機制尋找化解方案，並納入各方可以接受的意見，建立解決的套案共識，再付諸有效執行。經過這樣的大轉型過程，組織針對外在適應及內在調適所作成的決定，可能較具有回應性、創意性、創新性及彈性（Denhardt, Denhardt & Aristigueta, 2002）。

組織的決策如未能回應各方的聲音、需求及想法，則執行力恐會受到影響，蓋受到影響的利害關係人，可能成為至為勉強的合夥人，殊不願意參與協力的工程，以致衝擊最終的績效產出。何況，回應的作為更是展現策略性謙卑的作為，建構成就文化所需依賴的原則之一（Murphy, 2007）。

組織領導者既然在調適衝突的過程，不能採取單方的見解，而要整合各方不同的視框，從中或可激盪出創意的構思，促進革

新的變遷，增強組織的生產力，擴大組織的權力版圖，壯大組織的競爭優勢，延長組織的生命週期。蓋透過對話的進展，不同意見的吸納及交流，可以以新的透視角度來思考舊的問題，協助組織反應各項內外環境所帶來的挑戰，反映組織成員及服務對象的要求，與對應時代變遷的機會。

而在組織不能停滯演化的當今社會，化解衝突所整合出的行事觀，較能彈性應用隨時在變的內外在環境，不致採取無法與環境鑲嵌的策略，造成策略的失靈。是以，組織不能僵硬不化，而要隨時備有彈性因應時局的權變計畫，方不致於流失生存的立基。蓋在衝突的情境下，一言堂的決策風格不致出現，不同透視的爭鋒，鋪設出與現狀不同的彈性因應對策就不會有困難。

5. 轉型互斥力量

衝突情勢的發生，如未能即時得到妥適地疏解，則會引起破壞和分裂組織的力量，使其在擴展領域上，充分運用各部門的結構孔道，連結更大的競爭力量，成為不可能的情勢。不過，俟經領導者在各造之間的穿梭、斡旋，可將衝突轉換成積極正面的力量，用以成就組織更具遠景性的目標。換言之，衝突領導可治癒組織的創傷，連結各自分散的力量，集中於使命的達成，標定目標的成就。

組織內部如若一直呈現鬥爭狀態，就不易推出具有品牌的產品或服務，造成不少即將出走或想跳船的顧客，抑或選擇抵制的態度，毫不青睞缺乏品牌的組織產物（Kim & Mauborgne, 2005）。因此，深具遠見的組織領導者，就要針對衝突探索冰山的底層因素，試圖調解轉型衝突的態勢，維持成員之間的共事關係，共同為設定的追求標竿而投入心力。

6. 發揮整合事功

組織如處在衝突的狀況下，同仁之間對組織所要追求的遠景就存有極大的差異，無法同心協力來成就組織的核心課題。斯時，領導者就要扮演整合的角色，進行化異求同的工程，引領同仁追求組織長期的目標，而非只是解決短期的問題；建立協力的團隊，共同追求優先順序業已排定的任務；設定共同想望的價值，準擬實現的路徑，以免中途的偏向；提供組織未來冀望的方向，激勵同仁促成對應環境的變革；針對內外情勢的嶄新發展，推動連結的變遷與成長；鼓舞更多的同仁，深度投入組織的運營工程，藉以滋生更強的權能感，更深的責任意識（Gerzon, 2006）。

組織員工的心智架構、信仰系統、意識形態和既定態度，可能是造成衝突的無形圍牆，但身為領導者一定要學習看透圍牆的能力，找到可資接軌的橋梁，致使同仁的視野擴大，非但看到自

己的盲點，更能鑑賞他人視角的優質，進而願意吸納，成爲組織所要追求的共同標竿。是以，多元視框的交流，讓每位員工能看穿自己圍牆內的有限性，知悉其他視框的廣博性、周全性及深遠性，而誠摯與他人的視框整合，共同爲組織的未來而設想。

　　領導者的主要職司在於將衝突情勢轉型爲組織的機會，致使組織更具彈性、富有創意、願意變革及深具回應，進而提升組織的效能，擁有強大的競爭力，能在自然淘汰的過程中立足。是以，機會的種子是一直存在的，領導者要應用處置策略加以發掘、施肥及協助，而使機會成爲事實。領導者要正視衝突的存在與演展，設法加以轉型之外，更要精緻衝突處理的知識，不能對衝突表示無知或文盲，才能將衝突由負債轉化成組織資產。

📖 結　論

　　衝突領導者在扮演調解的角色時，要爭取各造的權益，心思深沈地關注每一個衝突情節，行動善擇適當時機，一心一意轉化組織之間及組織內部可能破壞運營的差異，成爲組織可用的機會。不過，六不思維的信守，妥當處置策略的運用，才能化解引發衝突的情結，復歸正常運轉的情境。經過三個焦點的剖析，吾人或可從中悟知六項啓示：

1. 察知的重要性

衝突若不能化解，無法給組織帶來機會，並由互動中激發出創新。因之，領導者應設有偵測機制，隨時探索或診斷出衝突的所在，並加以快速的處置，致使可能互斥的力量，得到適當地轉化。

2. 衝突的深層性

衝突冰山凸出的一角，並非導致各方衝突的源頭，如若領導者只對表面一層進行處置，並不能徹底將源頭加以切除，反而會有轉位或擴散的風險。是以，他或她要一層一層地發掘，找到眞正的基因，再試圖加以改造，建立永續隔離的防火牆。

3. 對話的關鍵性

領導者要傾聽各造的說法，提供交流對話的平台，找出各方的理解落差，再尋找彌縫的方案，得到各方的共識，再付諸執行。蓋各自視框的堅持，如無互動對話的機制，就難以獲知各方的盲點，進行視框的反省，而理出反省性的判斷，結構出衝突轉型、啓動合作的魔術力量。

4. 循證的迫切性

領導者若以民氣、媒體的建構或意識形態作爲化解衝突的基

礎，恐會規劃出惡化衝突情境的對策，加深衝突的幅度。是以，主事者要以眞相，並非半眞半假的傳言，抑或不合道理的推測，作爲設想化解衝突的基準，以免反其道而行的風險。

5. 赤字的艱難性

優質的領導人才會產出優質的組織成果。是以，組織爲了成就使命，完成成立的宗旨，一定補足領導才華的赤字，使其得以妥當的思維面對衝突的危機，瞭解十一戒的內涵，堅守衝突處理的過程邏輯，不致做出不當的決定，而將衝突荊棘化。

6. 預防的根本性

衝突發生之後的治療，乃是衝突解決的下策，勢必要投入相當可觀的資源，更會留下陰影影響深層關係的建立。是以，領導者要見微知著，掌握關鍵的歷史時刻，適時將未萌的衝突加以消融，杜絕因衝突而衍生的可能後遺症。

衝突既有風險，也有機會，上善的領導者當然想要轉化由歧異造成的風險，成爲催化組織變革的機會。因之，他或她要深刻體悟六性的內涵，適時察知衝突的火苗，探索衝突冰山的深處，築造縮小理解落差的對話平台，以循證管理馴服衝突各造接受兼顧的方案，解決領導才華的赤字、備妥處理衝突的能力，透視預防重於治療的不變原則，事先深築衝突的防火牆。

參考書目

Beazley, H., J. Boenisch & D. Harden (2002). *Continuity Management*. NY: John Wiley & Sons, Inc.

Bossidy, L. & R. Charan (2002). *Execution*. NY: Crown Business.

Cloke, K. & J. Goldsmith (2005). *Resolving Conflict At Work*. San Francisco: Jossey-Bass.

Dana, D. (2001). *Conflict Resolution*. NY: McGraw-Hill.

Denhardt, R. B., J. V. Denhardt & M. P. Aristigueta (2002). *Managing Human Behavior in Public & Nonprofit Organizations*. Thousand Oaks: Sage.

Gerzon, M. (2006). *Leading Through Conflict*. Boston, MA.: Harvard Business School Press.

Green, R. (2000). "Women as Partners for Peace," in K. M. Cahill (ed.) *Preventive Diplomacy*. NY: Routledge.

Greene, R. (2006). *The 33 Strategies of War*. NY: Viking.

Joiner, B. & S. Josephs (2007). *Leadership Agility*. San Francisco: Jossey-Bass.

Kahneman, D., P. Slovic & A. Tversky (1982). *Judgment Under Uncertainty*. NY: Cambridge Univ. Press.

Kim, W. C. & R. Mauborgne (2005). *Blue Ocean Strategy*. Boston,

MA.: Harvard Business School Press.

Lank, E. (2006). *Collaborative Advantage*. NY: Palgrave.

Murphy, E. C. (2007). *Talent IQ.* Avon, MA.: Platinum Press.

Pfeffer, J. & R. I. Sutton (2006). *Hard Facts, Dangerous Half-Truths & Total Nonsense*. Boston, MA.: Harvard Business School Press.

Roberts, N. C. (2002). "Calls for Dialogue," in N. C. Roberts (eds.) *The Transformative Power of Dialogue*. Boston: JAI.

Ulrich, D. & N. Smallwood (2007). *Leadership Brand*. Boston, MA: Harvard Business School Press.

Yankelovich, D. (1999). *The Magic of Dialogue*. NY.: Simon & Schuster.

第四章

循證領導

　　俗諺有云：「蛇無頭不行，鳥無翼不飛」。這在本質上乃襯托出：凡事一旦沒有領頭之人，事情就可能不易做成。而吾人若將其映射在任何組織的場域裡，就顯現出：組織的領導人，本職在帶領一個團隊，解決組織所面對的多元荊棘問題，突破種種障礙，創造支撐組織正常運轉的內外在環境，提供同仁有機會、有能力與有動機貢獻組織，勝出具競爭力的績效，實現設定的願景，增強組織存在的正當性，維護組織宏大的影響力版圖。假如領導出現錯誤，所做各項決定，一來安於故俗無法隨組織情勢的變化而革新；二來溺於所聞，完全侷限於自己的所見所聞，而無法注入引發視框反省的思維，進而從中整合出對應時境之策，每會陷領導於危險之中，組織瀕臨失靈之境，進入式微的生命週

期。因之，在領導可能面臨諸多風險之際，領導者要如何應對組織所遭遇到的適應性挑戰，非傳統即故俗或原本所聞所能對付的情境，才能轉危為安。永續生存於相互競爭的環境，乃成為現今組織領導者所要特別注視的議題，必須對之理出解決之道，以消弭可能出現的破壞性衝突，應付對長期已持信念的挑戰，對應以新策行事的要求（Heifety & Linsky, 2002）。

　　尤有甚者，由於民主化的浪潮已在各個組織之間席捲開來，濫權或無能的領導人，非但破壞建設性的組織氣候，而且有損追隨或共同貢獻者對組織的認同度，願意擔當協力合夥人的角色，以營造協力優勢，提升生產力（Pfeffer & Sutton, 2006）。這些嶄新情勢的演展，對組織人創造諸多機會，以形塑出與過往不同的作風，引領領導者走出困境，有效應對適應性挑戰的威脅。這其中以證據為基礎的領導（Evidence-Based Leadership），簡稱為循證領導，乃乘趁這項變化機緣而出，逐步成為各類組織人的學習標竿，期待將組織帶進永續偉大的境界。

　　在循證領導理念的影響下，組織領導人在經營運轉組織之際，於積極方面，對各項作為要切於實情，針對確實的問題情境；契於系絡，以防所採策略與系絡脫臼，導致策略之失靈；基於因果，強調兩者之間的時間順序、共變現象及可靠關係；據於事實，仰賴具體的數據，而非半真半假的傳言，抑或任意編織的

論述，敘述問題演化的情節，推銷行動主張的基礎；成於對話，重視程序理性，而由多元不同的關係人，共同溝通不同的意見，促成各自的視框反省，達至各方意思表思的一致，推出群體認同的思維，對應組織的實存處境；本於願景，基於未來共同追求的目標，而非領導人主觀的想望，作為組織奮力發展的標竿，樹立利基的動力（Pfeffer & Sutton, 2006）

而在消極方面，組織之有效運轉，有關的領導人要盡力避免：師心自用，不經商討而自作主張，以防惡意順服的窘境，導致組織之失靈；承襲舊例，輕易滋生系絡相似性的假定，產生不能與當今時境相容的決定；受束執念，全以領導者個人歷經的社會化過程，所形塑的認知、情感及價值取向，認定問題，建構理想與研擬方案，不易回應同屬組織人的需求，爭取其在各項行動的支持；訴諸權威，根據假權威作為行動倡導的立論基礎，以致倡導中的行動不容合理性的檢定，潛藏失敗的基因；但憑直覺，忽略內外在時境，引發決定與環境疏離的情勢，蘊存效能無由而生的困境；師其故智，一直使用老方法以應付歷經無痛性變遷的環境與組織，致使老方法無能連結實境，只消耗有限的資源；疏忽他議，受限於領導人並非全知全能，又無意理會他人的見解，恐會得出以偏概全的方案結構，可行性每要受到嚴重的挑戰。

歸結言之，循證領導重視任何行動取決之前的循證過程，不

輕率採信現成說法，不任意擅作主張，不進行說服力不強的詭辯，不由上而下作成決定，不憑空胡扯或聽信傳聞，而是既重視程序正義的講究，又強化實質正義的追求，設想組構與協調工作的活動，分配執行活動與完成目標的資源，養塑同仁擁有共同的信念與價值，解決組織必須遭遇到的各項問題（Bolman & Deal, 2003; Yukl, 2006）。不過，這項新近受到注目的領導，其所立基的假定，職司者的核心作爲，以及所扮演的對稱角色，實殊值得探究，以爲實踐的參與，導引領導邁入嶄新境界，開拓外界的支持與合作。

一、假定

循證領導與循證管理、循證政策同步在發展演化之中，已吸取不少人士的關注，更有組織熱誠實踐，得到可觀的成果（Pfeffer & Sutton, 2000; 2006; Sutton, 2002）。至於本項領導所立基的假定有六：

1. 主觀判斷的易誤性

組織所面對的問題非但經緯萬端錯綜複雜，而且牽涉到多元不同的利害關係人，非根據事實和客觀的資訊，逐步加以釐清，不易掌握其發展演化的原委，形成的根本原因，所涉及到的範圍或影響到的對象，嚴重的程度和對每個人的切身性，進而理

出契合的解決方案，以緩和問題情況，順勢邁向完成組織使命之旅程。蓋領導者一旦受到主觀判斷的宰制，乃易陷入老子的四「自」陷阱：自見者不明、自是者不彰、自伐者無功及自矜者不長。而在這四不的制約下，領導者不論在人力的配置、養塑及激勵上，抑或協力夥伴、策略聯盟的尋找上，願景和目標的設定上，恐易生錯誤，捉不準時境的主流趨勢與員工的想望；無法形構、滋養和管理協力夥伴關係，以擴展和壯大組織的資源、服務與潛能；不能建構符應組織能力和條件的方向，以致降低其可行性及執行力。換言之，在主觀判斷的左右下，領導人往往不易確認自己所領導的環境，而作出高度鑲嵌的決定，推動組織的事功（Zigarmi, Fowler & Lyles, 2007）。

2. 傳言說法的風險性

領導人在運轉組織的時際，每每要面對諸多分歧的情境，出現不少的傳言，既似真又似假；更要應付繁雜的胡亂說法，若不勤於思考、研析及探索，馬虎隨便地以各項傳說作為決策的依據，乃形成不當的決策，而為組織帶來若大的風險，既投入巨量的資源，而得不到對應的產出，又因此發生嚴重的排擠效應，無力再投入相對上風險較低的使命上。

語云：「業精於勤，荒於嬉；行成於思，毀於隨」。這其中意涵業已明示，傳言說法的可怖性，組織的主事者遇到事情要慎

重將事，馬虎隨便不得，唯有勤於思考，根據知識與證據理出事實真相，根據真相進行有效的領導工作，並從雙向的互動過程，整合雙方富建設性與貢獻性的觀念，共同為組織的遠景而前進，方能避免傳言的危害性，顯現不同觀念整合所生的槓桿作用。因之，為了避開傳言的絕對性影響，領導的兩造本要並肩協力，一方提出想法之際，另一方面進行同理性傾聽，爾後再將雙方見解加以整合，以免單框思維的偏限性（Romig, 2001）。

3. 獨木成林的不當性

組織的領導人不僅要面對全球化的挑戰，承擔日趨沈重的社會責任，肩負其他組織委付的任務，還要遭遇同類屬組織的競爭壓力，如若堅持由上而下或由下而上的單向作為，每每受限於單獨視框，無法透由多元視框的交流互動，理出對組織處境的全局觀察，進而構思完整的套案，一舉攻克組織所受環境的衝擊。蓋每個人的理解可能存有範圍的偏限性，個人的判斷亦可能只反映一個人狹窄的見識和技能，是以如能應允多重的、建設性的意見投入，領導者所作成的決策品質或可得到強化，有助於使命的達成，組織績效的提升。

由是觀之，組織之主事者每要承擔艱鉅的任務，而為了在完成過程中，不受到致命地沮喪，乃要仰賴團隊來啟發思維及激勵才華，蛻變觀念與澄清願景，以及協助運轉而產出合超效應的作

為。蓋正如只有一棵樹木無法成為森林，一隻燕子何能成為大廈一般，主事者有賴並肩作戰的團隊，共同經由腦力激盪的催化，觸發組織才華的昇華，不讓過往鎖住組織的注意力，而聚焦於當前及未來（Maxwell, 2007）。

4. 權力分享的融合性

權力、聲望與績效，每每會使組織的主事者頑固、愚蠢，甚且抗拒眼前的事實證據，而逐步走向式微的演化過程（Pfeffer & Sutton, 2006）。而為了要扭轉這樣對組織不利的演化，平日在組織內注入民主參與的氛圍，讓員工共享組織的決策權，使其擁有決策所有權之感，願意主動順服決策的推動，協力生產該項決策的成果。

在組織內外在環境不斷演化下，權力分享與共同參與關鍵決策的作成，致使組織的僵化思維得能化解，增強其機敏度及靈活度，俾以快速及彈性回應環境的變遷，不致犯了忽視環境的謬誤，導致決策與環境的脫臼（Sull & Spinosa, 2007）。尤有甚者，民主化的決策風格亦能創造員工之間的社群意識，認同共同決定要完成的使命，以及所安排的優先順序任務，並盡全力將員工所分配到的任務，於預定的期限內為之。換言之，民主參與、授權賦能給員工，使其在組織內扮演企業家的角色，四處尋找組織可應用的機會；探索潛在的威脅，並以預設的防火牆防止其入

侵；匯集應用機會所必須要的適量資源，並於完成過程中，採取權變性的因應策略，適應嶄新情況及資訊的出現。

員工藉由決策參與所形塑而出的主體意識，強化其對組織的投入情、權能感及責任識，這對組織績效的勝出鞏固了支撐的支柱。蓋員工對自己參與所作成的決策，往往給予更大的承諾和堅持，並以迫切的步調及自律的方式，要將已定的決策付諸執行，不再以不利執行的遊戲延誤政策的推動。是故，組織的領導人不能太過於大權獨攬又做出判斷不明的決策，進而促使員工放棄進諫忠言，反以按照領導人的交代辦事，並等待時機發現決策錯誤的所在，以及錯誤決策為組織所帶來的損害。總之，員工的惡性順服總對組織不益，非設法加以突圍不可，務必想方設法社會化員工積極的投入，貢獻所知，完成較為全局性的政策套案，為組織開拓更大的利基。

5. 以理說服的正當性

組織的決策關係組織的成敗，所以決策的作成不僅要求程序正義的發揚，強調多元聲音的表達，仔細評量參與者對倡導方案支持或反對的理由；還要接受實質正義，抑或合理性的檢驗，以發現擬議中的方案，其對達成組織使命的貢獻度，立基假定的有效度，資源使用的本益比，組織人需求的回應度，問題建構的正確度，倡議套案的妥當性，突破限制的可行度，任務職責分配的

衡平性，以及適格參與的涵蓋度（Dunn, 2004）。

　　前述十項實質正義標準的符應度，恐要求組織人要以證據來說服所有的利害關係人，千萬不能以力服人；亦不能以個人的意識形態作為取捨方案的準據；更不能以記憶來代替應有的思維；以恐懼阻止立基於知識的行動。蓋這樣一來，決策的立基至為脆弱，不易抗衡內外環境的衝擊，引領組織人由衷的順服，願為全程投入的協力合夥人，反而因為方案倡導者的立論理由過於牽強，而滋生陽奉陰違的舉措。

　　俗云：「單則易折，眾則難催」。凡此在在說明單人的力量恐力有未逮，單方的立論理由難免有所偏頗；而人若欲求較為健全的立論，恐要集合眾人的力量，多方的交流商議，並由交流商議的過程，逐步剔除思之不周、慮之不深的立論，以激盪出較為合理的對策來。換言之，組織每要仰賴眾多的同仁，提出新奇的見解，從已有的知識產出不同的思維，以新的方式解讀舊的事物，並由過去中突破出來，邁向適應周遭環境的革新，不能再任由強者單獨為之，失去異中求同的機會（Sutton, 2002）

6. 尊重事實的回饋性

　　組織的成功營為乃在主事者凡事基於事實，既不胡扯，亦不能容忍傳言主宰整個事情的決定。蓋斯兩者恐會誇大其主張或論

述，引領決策者選擇錯誤的決策，不利於組織未來的發展。是以領導者於重大決策形成之前，事先考量這樣的抉擇對組織達成願景，究竟有何助益？對組織員工的向心力又能有多大的凝聚力？對社會責任的履現與組織聲譽有多強的提升？對組織在同屬領域取得、維持及修復存在正當性的幅度究竟擁有多少的助益？如此一來，相關職司才完成一切合法化的決策，不致於決策之後，再度發生以誇大論述形成決策的尷尬窘境。

最近幾年，第三部門的組織不斷接受第一部門的委託，一則職司提供服務的任務，二則進行各項委託研究，三則提供人民穩定的健康財政補助金（Frederickson & Frederickson, 2006）。不過，委託部門為了問責，以決定持續與否，就要依據各受委託部門的實際績效，作為斯項契約的決定性依據，因之負責績效評估的人，就要以事實資料證明績效達至的程度，進而取得受委託部門的信服，強化其接受委託任務的推動。

華航的飛安記錄一直受到外界的質疑，無法創造信用的品牌，而逐步失去在同行之間的競爭力；台北縣自周錫偉縣長主政以來，施政績效未見起色，究竟兩個組織的績效落差發生在哪些事實上，負責轉型的領導者，一定要循線找出核心的因素，匯集組織的資源，配置才識兼備的人力，以實質誘因激發員工的熱情，共同致力於瓶頸的突破，脫臼問題的解決，以建立責任訴追

的機制。是以，兩者要有決心脫離閉門造車症候群。

主觀判斷的易誤性、傳言說法的風險性及獨木成林的不當性，乃三個從負面論述的循證領導假定，其不合理性至為明顯，領導人就有責任加以排除，用以增強領導效能的發揮、效率的揚升及回應性的增加。而權利分享的融合性、以理說服的正當性及尊重事實的回饋性，則由積極的角度說明循證領導的正面假定，於是領導人就要順應之，且依循這個路徑進行領導事宜，加速績效的增長，才華人力的留住，以及員工對組織的歸屬，養塑以成就為導向的組織文化，凝聚優質的成就者，訓養成就的才華，溝通共同承諾，確認責任的歸屬，增進團隊的智商，處理已現的衝突（Murphy, 2007）。

二、作為

從假定的鋪陳中，約略已顯示一些訊息，即一個盡職又成功的循證領導者，在實踐上要落實哪些對應的作為，方能引領組織的同仁共同創造以成就為取向的文化，在提供服務上充分滿足員工在關係、互惠及夥伴上的需求；在創新上持續維護組織適應內外變遷的能力，以及在智識資本的成長；在管理上達及組織安全與穩定，順利連結組織的人力及物力資源，以成就組織的願景。至於具體的作為，可由六個向度分析之。

1. 策略展現謙卑

當領導人發現：組織缺乏解決一項重大問題的知識，絕對不能掩蓋這項無知的困境，而要以謙卑的情懷，務實地尋找、蒐集及分析各項資訊，經由意見交流、問答對話的過程，形塑共識的見解，符應對話理性（erotetic rationality）的理想。至於領導者在面對知識欠缺的情境下，所要展現的策略性謙卑（strategic humility）包含下列四項（Murphy, 2007）：

(1) 認清自己諸多尚待學習

蓋每個人的認知範圍總有一定的幅度，凡是超越該範圍的事務，就要請益其他在這方面的專家，從問答過程，理出凌駕已有經驗，超越已能掌握知識領域的理性，有助於重大問題的解決。

(2) 承認過往錯誤從中學習

領導者均會經歷不少的錯誤，但錯誤是學習接近矯正的機會或前提，只要有勇氣加以承認，下定決心進行再度的思考，俾以釐清相關問題的環節，做好密集的準備，以擬斷出破解的對策。

(3) 深信成事不能單靠自己

在領導人有所不足時，勢必要仰賴他人進行協力的事工，利用因協力所生的各項優勢，比如節省成本，導出互動的見解、進

行深度學習、加速服務的提供及想出解決荊棘問題之道。

(4) 提出疑問瞭解相關觀點

領導人在與他人討論重大問題時，對原初不同意的問題，一定要提出疑問，進行建設性的對話，以瞭解所有相關的觀點，再透由整合，形成共識，並採取對應的行動。

總之，領導者要以謙卑的情懷，請益他人的長處，探索多元不同的方案，發掘其優勢及機會，認清其劣勢與威脅，進而整合出較佳可行的套案，俾能掌握機會與勝出優勢，防止劣勢及抵制威脅。尤有甚者，他或她要有對知識追求的好奇心，更有彈性因應處事的作風，盡全力於追求對所屬組織有益的方案。

2. 厲行懲前毖後

領導者在經營組織的運作，由於各項資源的稀少性或有限性，無法提供過度的使用，而排擠其他重大任務的推展，所以要深度警戒於前過，事後就要謹慎將事、小心處理類似的問題，以免重蹈覆轍。換言之，他或她要將以往的過失作為學習的教訓，俾使以後不致再度犯同樣的過錯。

有的政黨領導人為了鋪陳運用棄保牌的前提，故意在民調上對自己提名的候選人灌水，而對可供棄保的對象縮水，而不能根據客觀民調進行策略的轉型，以爭取更多的勢力版圖，反而陷入

灌水民調的自戀之中，接受溫水青蛙被煮熟的命運。其實民調本是選民支持的指標，從中瞭解選民在各個選區支持的情形，再設法找到猶可攻堅的城池，擬定撼動選民的議題，擴大支持群。不過，如有政黨刻意製造民調，而鬆懈對競爭對手的戒心，每會造成慘痛的選舉結局。

美國全國金融公司（Countrywide Financial Corp.）平日經營次級房貸業務，但因對客戶徵信的調查並未嚴格執行，在今年（2007）發生次級房貸危機時，公司遭受到前所未有的困境，股價大幅跌落。這項影響組織生存的危機，該公司的領導人若未能記取這項教訓，關注往後客戶的切實徵信調查，在未來經濟極端不穩定的情境下，難免會面臨另次的式微危機。

3. 認知捷徑退卻

人類通常在混沌的情況下，基於快速弄清情勢的慾望，每會運用認知捷徑（cognitive shortcuts）的方式來理解情勢的經緯。即以有限的作為，但能讓自己覺得滿意與還算有效率的方式，來解釋吾人所觀察和經驗到的問題情境，再作出對應的策略（Pfeffer & Sutton, 2006）。這樣一來，主事者可能化約了情境的本質，限制相關資訊的蒐集，並在極端倉促下做成潛藏不少盲點的決定，非但無法解決組織的問題，反而更衍生了嚴重的後遺症。是以，領導人為了找到證據，並讓證據說話，釐清問題情境

的諸項原委，建構彼此關聯的情節，再部署較為對應全局的套案，所以暫時先從認知捷徑退卻，歷經商議的過程，審慎地評量各擬議中的方案，其各自支持和反對的理由，再決定方案的選擇，使這項選擇既擁有充分的資訊作為基礎，又具備合理的支撐論述，足以解決組織的問題或衝突。

以認知捷徑或許可以幫助組織理解部分的問題情境，但每易陷入過度推廣或以偏概全的窘境，比如組織領導人若以員工在某項任務的完成表現卓越，就推論其在其他任務的表現亦可等同視之；反之，員工在某項任務由於經驗較為不足，而未能勝出令人肯認的成果，就連帶認定其在其他任務的承擔會有問題。是以，組織領導人還是需要仰賴較為周全的制度來評定員工在一定期間的工作表現，再給與對應的獎賞與激勵。

4. 實地瞭解問題

領導人在處理各項組織問題時，為了避免發生致命性的錯誤，而危及組織的生存，他或她就要到處發現事實，蒐集更正確的資訊來釐清問題的本源，所關聯到的人力網絡，再架構對應問題情境的解決方案。是以，他或她要不斷進行密集性的準備，願意不斷地反覆思考所涉問題的各項層面，不會輕易下了判斷，而作出因果關係至為勉強的論述，選擇可能對組織造成不利的方案，甚至因此危及組織的生存空間。

雅芳化妝品公司在面臨銷售業績及股價一直下跌之際，新任負責人乃花了一段時間，親身體驗推銷工作，並於四處拜訪顧客時，洞察雅芳產品的廣大市場及各項優缺點，聽到顧客對產品的抱怨，於是理出重大問題的所在，再做出一些重大的改變，導致其所主持的公司，不論在營收或股價上，均能平穩地上升，達成轉虧為盈的組織大轉型工程（Pfeffer & Sutton, 2006）。是以，親臨其境，廣收事實，聽進顧客反應，才能真正瞭解組織式微之根本原因，再採取對症下藥之策。

5. 推動共營共榮

領導人本人既然在視框的透視有其侷限性，不太可能掌握領導系絡的整體層面，以及在每個不同系絡內，其所要扮演的角色，比如在聯盟的系絡，要安適運用已有的網絡及雙邊關係，創造一個兩者結合的第三個實體結構，以擴展原本組織的疆界，成就想望的目標，服務所有聯盟成員的相互利益（Zigarmi, Fowler & Lyles, 2006）。而這項角色的稱職擔綱，每要由同仁協力來進行，透過理念的交流，經驗的交換，進行創造性的轉換，得出有利於聯盟的領導，姑且不論這類聯盟是屬外在性或內在性，類皆在形塑、滋潤及管理協力關係，以開拓組織之資產、服務和潛能，進而提升上該三者在同類屬組織之間的競爭力，構築組織更大的生存空間。

　　不過，這項協力關係的築造，要以「共營共榮」（linked prosperity）理念為基礎，全力追求所有加入關係的人，共同的福祉與利益，並以積極的授權，分享決策權的方式，來維繫組織的長期成功。蓋在這個理念的支持下，由於組織的成敗要由全體的員工共同負責，以證據為基礎，或在互為主體交互影響的過程而產出政策，才有管道勝出。因為，所有同仁之間，針對擬議中的套案進行思之深、慮之遠的對話，理出各案的優勢、劣勢、機會與威脅，再評比其合理性，才選擇彼此具有共識的套案，乃離循證的標竿不致太遠。

6. 創造支撐環境

　　今日的組織，要不時面對多元不同的環境挑戰，無法一直使用同一模式對應這項環境的演化。換言之，組織的策略如若不能隨時隨勢更調，每易造成策略的落伍，導致組織利基的萎縮；尤有甚者，組織的員工在態度、價值取向及行為模式，如未能回應時境而有所調適，均會減輕組織應變的能力，致讓組織面臨挑戰威脅，失去與人競爭的優勢。

　　不過，組織在因應情勢而進行必要變遷之際，每會有發生衝突的威脅，主事者為了防止這項威脅的蔓延，調和威脅的擴大，就要建構民主化的支撐環境（holding environment），一則築造關係網絡，使在其中的同仁得以建設性的方式處理艱難的議題，

防止足以引發衝突的情緒；二則建立令人深信的制度，以制度來整合不同的見解；三則形構符合程序正義的過程和原則，致讓各種聲音均有機會或管道被聽到，並將富價值者納入政策的內容；四則平日養塑深厚的團隊凝聚力，足以克服因適應環境壓力而產生的離心力（Heifetz & Linsky, 2002）。

循證領導要展現謙卑的情懷，認清自己的不足，虛心接納有見解的提議，致使組織決策有了堅強的立論基礎，而非只是領導者主觀的因果關係判斷；屬行懲前毖後，全神關注前過的教訓，細心處置未來的問題；從認知捷徑上採取必要的退卻，致使自身擁有更多的時間及空間參酌已現的資訊，從中理出問題形成的背景與成因，再研擬針對性的對案；實地瞭解問題，而非天馬行空似的描繪，以便射準問題的本質及關鍵的所在；推動共營共榮，以集體的智力來彌補個人思維的潛在盲點，並由理念的互動中創造出深具創意的見解；創造支撐環境，以免在應付適應性挑戰的過程中，遭遇到可能裂解組織的衝突，無法集中全力應對嚴酷的挑戰。

組織的領導隨時均有危機存在，至於如何有效應付危機的威脅，依循循證領導的六大作為，或可促成領導轉危為安。不過，主事者無法以虛擬或形式的方式落實作為，而要以真誠的態度，務實的作為，完全鎖定六大方向的羅盤，面對組織所遭遇到的實

境，才能找到正北方的所在（George & Sims, 2007）。

三、角色

　　循證領導既然以明確的證據、事實及相關的知識作爲基礎，推導出組織治理的準據，所以是一種知識領導，著重在發展組織智慧的能力，減少組織無知的情形，增強豐厚的洞察力，築造競爭優勢，鞏固組織生存的利基。於是本型領導人爲了符應六大作爲，以及對照六大假定，其所要扮演的角色爲：

1. 知識管理者

　　本型領導人爲了組織治理的順暢，需要建立一套知識領航系統，用以築造智慧資本，從事與其他組織的競爭。換言之，他或她要組構研發團隊，生產適應環境挑戰的知識，克服因挑戰所滋生的各項大小問題，排除領導的危機；設立知識流通擴散的管道，俾讓員工快速浸潤在新的知識之中，養塑對應已變環境的能力，理出較爲全局性的套案，克服競爭的壓力；安排有利於知識應用的環境或氛圍，化解過往行爲的隨性，排除知識應用的各項障礙，確保嶄新對應時境的知識，實際應用到組織治理上，姑且不論這項應用在於啓發組織人的思維，作爲互動的基礎而激發出更爲明智的方案，抑或從知識中直接找到解決特定組織問題的方案，用以支持一項特殊的立場或者鬆綁反對的強度（Weiss,

1979）。

　　由上觀之，知識應用的涵義有時為決策的作成；有時為教育的推展，協助應用者形塑相關問題的認知，與概念之間的相互關係，進而建構可為評估所用的架構；有時成為應用的前導變項，俟時機成熟或機會來臨時再加以應用；有時知識只在引發相關人員的思維或考慮，進一步釐清組織所遭遇的問題。不過，不管如何，有效的知識應用，可以觸發工具、資源和系統的創造，協助點燃組織服務的創意與革新。

2. 資料探勘者

　　本型領導人要到處尋找新事實及更正確的資訊，以便成為組織治理的依循。不過，各自獨立的事實或資料，設未歷經探勘的過程，乃甚難建構出可用的知識，協助組織設想策略，以應付變遷快速的環境。首先領導者要將資料分類，以便發現問題的類屬；對不同類屬問題的頻率，也要加以統計出來，以明瞭其嚴重性，並設定優先解決的順序；再以不同部門或功能領域，區分問題的所屬，以明瞭問題究竟是由哪個部門所引發的，以鎖定焦點、匯集人力物力資源加以攻克；應用適當的統計分析法，整合不同的研究發現，用以理出相對上較為明顯的變項關係，進而設計實際的行動策略，化解負面關係，強化正面關係。總之，領導人要懷著探賾索隱的情懷，研究探討資料內深奧玄妙的內涵，以

之設計治理的策略。

　　台北市政府的市政信箱，每天收到不少市民的伊媚兒，指出或陳情市政的不同問題或建議，主事者為了做好市民關係管理，珍惜這項發覺問題或倡導主張的管道，就要對之進行探勘，以提升市政對市民需求的回應度。如對之置之不理，恐會激起憤怒的民怨，無能提升顧客對市政服務的滿意度。是以，相關部門的主事者，一定要由這項機制探勘出民意的趨向，再領航所屬改進服務品質，增強市民對市府的向心力，以及市府治理的正當性。

3. 資料鑑賞者

　　組織內外往往充斥多元不同的資料或說法，有的是全然的胡扯，有的是人為捏造或虛構的，有的是半真半假的傳言，如領導人隨意以之作為任何決定的依據，則他或她可能處在極端危險的情況，也會為組織帶來無情的傷害，喪失一些控制的版圖。

　　領導者為了轉危為安，在面臨風險之下猶能維持生存，其就要稱職地扮演資料鑑賞的角色。首先過濾有哪些資料與目前正在處置的問題相關，足供參酌、分析及引用；再對之鑑定現存資料的正確性，發現並非相關人士杜撰，抑或媒體自行建構而炒作的題材；第三斷定所有現存資料之間有無衝突的存在，爾後才將彼此一致相互印證的資料擷取而出，作為治理依據的對象；第四評

估資料的成本，哪些是組織所能負荷而取得，哪些是超越組織能力所能負擔，以決定蒐集的方向；第五評定資料的效度，是否得能接受科學研究的驗證，抑或得到實際經驗的支撐，具有極高的可踐性；第六檢驗資料或研究發現的信度，經得起另次研究的對照。

領導者因擔負組織的成敗之責，所以在應用資料或研究發現時，就要抱持戒慎恐懼的態度，有中心、有重點、有計畫地為之，不能不分輕重緩急地齊頭並進，而無法作出理想的鑑賞工作。因之，他或她在扮演這項角色時，要「先立乎其大者，則其小者弗能奪也」。換言之，其要先將信度或效度掌握，其他的作為就可依序為之，避免浪費寶貴的精力和時間。

4. 致力整合者

組織一旦面對問題情境的發生，員工之間諒有諸多不同的解讀、設法及倡議，斯時為了避免組織的衝突與分裂，一來影響對應問題的時機，把握住「機不可失，時不再來」的原則；二來為營造決定之後，全體協力執行已定的決策，不致發生相互掣肘或力量抵銷的情勢，降低執行的效果，領導人就要扮演整合的角色（synergizes），從中促成共識而一致的行動，以收合超效應（Murphy, 1996）。

　　組織的運營向來最忌諱力量的分散，有些人未受感動而採取按兵不動的舉措；有些人因見解未受到尊重，又未得到合理解釋，而操弄同床異夢的執行遊戲；有些人因參與意見競爭，但因得不到熱烈的支持，抑或締造多數聯盟，而成爲勉強的合夥人，失去全面投入的動力，致使組織治理的績效不易勝出。是以，領導人要扮演魯仲連的角色，以證據化解疑慮，以對話理性的追求建立共識，以立論理由說服他人站不住腳的說法，以參與的機制容納合理的主張消解無力感的意識，而願同心協力爭取組織的競爭優勢，鞏固已立的關係資本，擴展策略夥伴的結盟。

5. 肯認員工者

　　組織的優質運轉既然仰賴員工的協力作爲與貢獻，茲爲了延續這樣的組織演化，循證領導人爲了從員工不斷取得支撐治理的證據，一定要運用胡蘿蔔的原則，對組織獻替的員工要適時加以有形或無形的激勵，使其對組織擁有投入情，願意留下來對組織貢獻才華，加速提升組織的績效，建立組織的競爭優勢（Gostick & Elton, 2007）。

　　組織千萬不要患有胡蘿蔔的恐懼症（carrotphobia），而要建構肯認員工的文化，使其養塑對組織的認同感，進而展現創意及創新的作爲，勇於承擔自己歸屬的責任而將任務完成，願意對組織和團隊的成就貢獻自己的才華，自然對組織及其使命與願景

擁有深厚的情感（Ibid.）。

　　領導人進行知識管理旨在順利結構出可用的知識，以為思維啟蒙的觸媒，抑或組織採取策略行動的依據；資料探勘的用途在理出雜亂無章的資料，究竟蘊藏哪些重要的問題，以及這些問題出現在哪個功能領域或業務部門，並應由職司負責者負起攻克的責任；資料鑑賞在區辨已有的、正確的、一致的、便宜的、有效的及可靠的資料，以為研思採取行動的基礎；致力整合聚焦於排除引發衝突的基因，形塑協力的團隊，共赴組織使命的達成，組織競爭優勢的強化；肯認員工則冀望運用積極激勵的動力，催化其對組織的承諾，留下才華出眾之士，不僅生產知識，而且參與執行的事工，務使組織的願景得能成就，建構優質的組織形象，令人信任的品牌，進而由領導人為員工創造一個積極的環境，形塑引領員工信任的卓越領導。

📖 結　論

　　循證領導乃組織為了順應內外在環境的變化，治理民主化要求下的機制。蓋在資訊科技快速發展的時代，組織之任何決定，在技術、政策及條件均可能改變之下，若能對洶湧而至的資訊或知識進行有效的管理，從中取菁用宏，以免作成錯誤的對策，毀損組織的生存空間。是以，相關組織的領導人，要用心體悟本型

領導的假定、作為及角色，進而針對各自組織的特色，專注的任務，理出自己最適用的安排。俟經前述三大部分的探索，吾人或可得到六項啟示：

1. 無知的不可懼

組織人不太可能對不確定的未來，做出準確的預測，總有自己識透未明之處，惟賴領導者善用已知的知識，抑或經由理性對話的過程，提煉出各自視框反省之後，所形成的交疊共識，推展組織追求的使命，以免因單獨視框的主宰，而輕易過濾掉有用的知識。

2. 傳言的不可信

組織的經營，向來流行諸多半真半假的傳說，領導人要以信度及效度高的證據作為經營的基礎，千萬不可以假當真，而腐蝕各項決策的根基，造成決策一出台就有殘缺不全的情形，導致窒礙難行的窘境；更不可以以真當假，拒絕深具潛力的套案，喪失強化組織競爭優勢的利器。是以，他或她要保持警覺性及機敏性，應用有效的探測工具，來區別以假當真和以真當假的情勢，導引決定走向正軌。

3. 知識的不可缺

領導者要創造組織的競爭優勢，本要引領同仁生產有用的知

識，再由知識衍生出智慧，提供令顧客滿意的產品或服務，使其成為對組織的忠誠者，不再像蝴蝶般，到處尋找他或她所青睞的組織。蓋知識本是創造的力量，由其引發深度的思考，思辨及想像多元不同的層面，從中再進行套案式的組合，以應付變化情境的挑戰。

4. 協力的不可少

領導者個人在知識、能力及思維上，總有其侷限性，所以要仰賴眾多具有貢獻力的員工，共同鎖定焦點任務，研發其他組織不易模仿的產物或服務，以鞏固利基的版圖。是以，他或她要扮演合超效應推動者的角色，統合眾力使其發揮突破性的創意，永遠領先同類屬組織的發展腳步。

5. 管理的不憚煩

知識之能成為組織治理的依據，要由多元不同的層面加以管理，才能理出現今問題的所在，部門之間的協調困難，單一窗口的障礙，聯盟關係的缺口。所以，主事者要應用對應的科學方法，從看似不相關的資料或發現中，整合出具體可用的知識，再以其為基礎，設計針對各層面的策略，衛護組織的利基。

6. 說理的不止境

在講究組織民主化的歷史時刻，領導者完全掌握組織決策的

主導權，似乎已經不可能，所以在當今講究相互說理的時代，無論哪一方要說服另一方服膺倡導的行動，請以令人認同的立論理由來締結多數聯盟，不要以強制力硬逼他人的信服，而無法取得他的真心相挺，投入努力的承諾，完成已定的決策任務。於是，領導人成功所需要的資源、資訊或支持，必須以其說理而誠摯的情懷，來引領同仁的合作，盡可能不訴諸權威而取得有效的影響力。

六不的認清與適當的運用，主事者或可領悟循證領導的真義，妥善設置知識領航系統，確實以現存的知識，管理出富價值的智慧資本，減輕組織無知的困擾，創造出對應環境挑戰的周詳之策，並於新經濟時代建構組織的競爭優勢，整合出追求組織偉大的熱情、人力及資源。

參考書目

Bolman, L. G. & T. E. Deal (2003). *Reframing Organization*. San Francisco: Jossey-Bass.

Dunn, W. N. (2004). *Public Policy Analysis: An Introduction*. Upper saddle rives, NJ: Prentice Hall.

Frederickson, D. G. & H. G. Freedrickson (2006). *Measuring the Performance of the Hollow State*. Washington, D. C.:

Georgetown Univ. Press.

George, B. & P. Sim (2007). *True North*. NY: John Wiley & Sons, Inc.

Gostick, A. & C. Elton (2007). *The Carrot Principle*. NY: Free Press.

Heifetz, R. A. & M. Linsky (2002). *Leadership on the Line*. Boston, MA: Harvard Business School Press.

Maxwell, J. C. (2007). *Talent is Never Enough*. Nashille, TE.: Thomas Nelson, Inc.

Murphy, E. C. (1996). *Leadership IQ*. NY: John Wiley & Sons, Inc.

Murphy, E. C. (2007). *Talent IQ*. Avon, MA: Platinum Press.

Pfeffer, J. & R. I. Sutton (2006). *Hard Facts, Dangerous Half-Truths & Total Nonsense*. Boston, MA: Harvard Business School Press.

Romig, D. A. (2001). *Side by Side Leadership*. Austin, TX: Bard Press.

Sull, D. N. & C. Spinosa April (2007). "Promise-Based Management: The Essence of Execution," *Harvard Business Review: 79-86*.

Sutton, R. I. (2002). *Weird Ideas that Work*. NY: Free Press.

Weiss,C. (1979). "The Many Meanings of Research Utilization," *Public Administration Review 39*(5): 426-31.

Yukl, G. (2006). *Leadership in Organizations*. Upper Saddle River, NJ: Prentice Hall.

第五章

協力領導

　　紐約市奧菲斯室內管弦樂團（New York City's Orpheus Chamber Orchestra）並沒有指揮，但其與其他的樂團一樣，進行正式表演之前的預演，正式對外表演，錄製音樂，得到各種不同的獎項及聽眾的讚揚。該樂團之所以能有這樣的成就，到底透過哪種祕密來完成那種似乎不可能的任務。其實這項成功的祕密，並不在於奧菲斯處在無領導的狀況之下，而在於該樂團形構成一個團隊，進行協力領導，用以創造出卓越的樂團績效，引領聽眾的信服及推崇，並樂於支持該樂團的演出，使其擁有永續發展的利基。

　　這項協力領導存有哪些特性，足以代表它的本質及意涵；又奉行哪些實際操作的原則，導引有形或無形績效的勝出；滋生哪

些效應,加乘多元績效的產出。凡此三項議題,乃構成本文探討的焦點。

一、特性

組織的員工為了組織的成就,勢必要共同仁作及努力,排除各自本位主義的思維及作風,用以創造卓越的合超效應,滋生協力的效果,不僅節省組織運作的成本,進行深度的學習,發展及提供質優價廉率高的服務,鞏固組織生存的利基。根據H. Seifter & P. Economy(2001)對奧菲斯樂團這個獨特的組織,進行深入的研究後,特別提煉出六個協力領導的六個特性,殊值得吾人關注。

1. 協商異見

組織員工每個人被社會化的背景與過程,每有不同,於是形塑出不同的視框,對問題產生不同的認知,對問題解決對策想出不同的設計,對對策想要實現的目標提出不同的設定。而為了解決這些不同的觀點,彼此之間就要進行建設性的與有計畫的協商對話,引發各自的退讓及接受較為多數的主流見解,成為大家共同奉行的走向。

2. 雙向溝通

協力領導是一種互動的過程，在進行互動管理的過程中，不能有一方的見解主導整個溝通的過程，而是雙向平等的意見交流，接納他人富建設性、遠景性及可踐性的想法，反省並改變自己僵固的思維，才能引領他人的同類改變（Romig, 2001）。因此，員工在進行互動的過程時，人人要展露眞誠與貢獻，而非只是扮演追隨者的角色。蓋在單向溝通的組織氛圍中，因爲只有一方的聲音，無法產生碰撞的效果，進行視框反省的過程，難免會有所偏差，未能較有全局性的關照。換言之，參與溝通的員工要進行同理心的傾聽，相互瞭解各自的想法，再尋去異存同的方式，組合共識的想法，而採取一致的行動，落實組織的想望。

3. 互為典型

在傳統領導的氛圍下，領導者每每應用自己的行爲，來形塑被領導者的行爲及績效的產出。換言之，即以領導者的行爲作爲員工學習的標竿，要求員工按照標竿行事（Harvard & Business Essentials, 2004）。不過，協力領導是一種無權威的影響（Cohen & Bradford, 2005），無由透過層級節制關係進行員工說服的工作，而是每個人均是他人學習的典型，擁有不同的情緒智商、心靈智商、身體智商及思考智商（Covey, 2004），足爲他人的學習典範。是以，在協力領導上，每個人不可自見、自

是、自矜與自伐，而忽略他人得以助長自己智商的機會，而陷自己於停滯不長的狀態。

4. 相互指導

協力領導視員工為團隊的成員，相互探討組織發展的策略，工作績效改善之道；促進員工思維啓發、分析推理的能力；形塑夥伴關係，共同分享經驗及知識，用以極大化每位員工的潛力，彼此協助完成共識的目標；發現及應用彼此得能互補的能力，以成就組織設定追求的願景。因之，在這項領導的氛圍下，員工互相之間建立相互指導的關係，彼此相信：大家協力共事，足以改進組織的績效，重新點燃每位員工的工作動機，回到正常的工作軌道，以及極大化每個人的專長。換言之，協力領導是一項雙向的活動，共同努力，雙方積極地及自願地參與組織的事工，提升各項事工的品質。

5. 引領行動

組織目標的成就，理想願景的達成，一定不能只坐而言，還要起而行，而由行動轉化抽象的策略。蓋建構策略是一種組織任務，而將策略設法成為全組織全力推動的標的，才是一項難為的舉措，因為組織若只劃定了策略，未能將其付出執行，則策略只是紙上談兵而已，無法達到成功的彼岸，何況組織沒有執

行力，哪有競爭力呢？（Bossidy, Charan & Burk, 2002; Hrefiniak, 2005）

在這強化執行的世代裡，協力領導的工程重在員工具體行動的引領，不僅想方設法激發工作的動機，裝備解決問題的能力，提供展現工作績效的機會，並在三者並轅之下，完成組織原本設定的使命。再者，協力領導，為鋪設執行順利之途，要將支持的活動、行事的文化、參與的同仁、落實的結構、誘因的安排、協力的催化，透由策略目標的設定聯結起來（Harvard Business Essentials, 2005）。再者，為了成功的執行，就要由主事者將策略性的計畫轉化成行動計畫，並交由職司的單位落實。

6. 共同參與

在協力領導的催化下，盡可能排除單一聲音的主導，單面向的問題思維，而造成團體盲思的窘境，無由透過參與者之間的腦力激盪，激盪出創新性的觀念，以成就組織任務的持續性突破。因之，引發員工進入最佳思維的關鍵，在於應用整體參與的方法，排除少數積極表達意見的情景，盡可能促進所有的參與者，表達創意性的思維。首先明確界定所要腦力激盪的課題，告知參與者至少寫下自己的觀點，隨後依序由參與者表達各自的觀點，再針對每個人的觀點進行支持性、懷有希望的評論；當每個人的觀點展示之後，由參與者理出使用觀點的實際方式，最後選出立

即可用的觀點，並將可行的觀點儲存起來，以備將來之用抑或進行下一步的研究（Romig, 2001）。

沒有指揮的樂團並不代表這個組織欠缺領導人，其本可發揮協力領導的功能，造就組織的卓越績效。這個領導以協商對話的方式來融化彼此之間的不同意見，不致使組織處在永續衝突之中；以雙向溝通的方式進行意見的交流，達到互動治理的境界；以不自見、不自是、不自矜及不自伐的方式相互學習，進而建立策略性夥伴關係；以互為教導訓練的方式，克服每個人的障礙，養塑嶄新觀念及能力，準備擔負嶄新的任務，有效進行自我管理；以具體的行動落實抽象的策略，並以優質的執行力帶動競爭力的提升；以結構化的參與形式，進行腦力激盪，務必將每位員工的創意性觀點激發出來，以蔚為立即使用，抑或儲備為將來之用，化解組織的惰性，成就突破的事功，鞏固組織對外的競爭力，增強組織生存的利基。

不過，這項領導並不能在真空管內進行，而且效應的滋生，更要依循主要的原則，如若其運作在不甚妥適的原則下，並與前述六大支撐的特性相互背離，則組織的運作就會受到創傷，並在失去方向感的情況下，員工喪失凝聚力及承諾感的境遇下，非但日常的運作失靈，而且追求組織的卓越亦將成為空談。

二、原則

觸媒領導有其支撐的原則，比如提高對問題的察覺；組構工作團體，即聚集人員致力於問題的解決；創造開拓多元不同的解決策略，以及各項行動的方案；永續推展行動，既研擬所需的執行策略，又維繫行動的動能，以免問題的再度發生（Luke, 1993）。同樣地，協力領導也由H. Seifter & P. Economy（2001），針對紐約市奧菲斯室內管弦樂團的鑽研，而提出八大原則。

1. 授權行政人員

每一項組織任務總要有人擔綱，他或她需要有成事的資源；需要組織團隊以群策群力的方式完成組織所交付的使命；需要結盟外在的夥伴，以締造出合超的成果；需要預防組織災難的發生，管理業已發生的危機，使其獲得適時的處置，不致使危機的範圍逐步擴大。而這些任務的啟動與完成，均要有配合及對應的權力，用以說服及影響他人，共同為任何任務的達成而全力以赴，並對任務之達成有所貢獻者，給以內滋及外滋的鼓勵，激勵他或她保持高昂的工作動機。

再者，組織要信任職司的人員，使其能夠在授權的範圍內，享有充分的自由裁量權，擬定因應可能危機的權變計畫，致使原

本非預期的狀況，得能適時加以因應，不致造成處置問題時間的拖延，問題情境的擴大，受影響的標的團體的增加。同時，組織以結果導向來問責職司者，不在過程上加以隨意的監測與不當的介入，造成授權的形式主義化。吾人應知「人人有路到台北」的道理。

2. 要求職司負責

在協力領導之下，每位組織的員工要對自己的工作數量及工作質地負責，適時適刻地做出相互搭配的行動。不僅在事前有了充分的準備，預擬臨時狀況的發生，以及針對發生狀況的處置方案；而且在事中盡情參與及投入，務必將要為之事做得完全；在事後進行省、知、習的評估工作，反省猶待強化之面向，知道缺失之所在，與學習改變之道。尤有甚者，組織要對職司的行為進行對應的獎賞，抑或加以平等而相對的懲罰，以鞏固對組織優勢的行為，鬆動對組織劣勢的舉措。

換言之，組織要進行適度的績效管理，設定追求績效的標竿；評估每個人的作為，用以調和每個人的努力，使其集中於組織目標之成就；應用以績效為導向的薪資制度，報償對組織目標之成就，投入格外努力的員工；並在每個推動專案結束之後，進行正規的評核，究竟目標的達成程度為何，分析產出優劣績效的合理理由，進而應用這項後顧的資訊，啟動新的任務循環。

3. 清楚界定角色

組織員工在推動各項專案之際，每位參與者所要扮演的角色，以及所要承擔的任務，組織均要按員工各自的專業，過往的經驗，合理地分配與界定，不可加諸混淆，以資作為推諉塞責的藉口，鋪排責無旁貸的前提。比如專案發起人職司專案進度的溝通，確保組織的全體人員知悉專案進展的情形；關注組織目的的變遷，扣緊專案目的與組織目的的連結；協調專案任務與正規業務的合理搭配。專案經理人負責徵募績優的參與者，提供專案活動的架構，維持清晰的願景，協調各項活動，與各權威當局及專案發起人進行協商，處置大小衝突，設定所需資源，安排進度，管理預算，確定每人的貢獻及效益，保持工作的正常運轉，確保目標的適時及在編擬預算限度內完成。專業團隊的主要負責人，直接對專案經理人報告專案的進程，與團員共同推動專案的落實（Harvard Business Essentials, 2004）。

4. 推動共同領導

在協力領導的運營上，為培塑每位員工的領導能力，每每輪流擔當領導的角色，體驗成功領導的要件，分享領導的經驗，傳授建立人際關係的技巧，分析組構工作團隊的關鍵要素，說明獲取、分享及轉化知識的策略，解析發現組織機會與威脅，建立彈性組織的技能。

換言之，組織內每位員工能力的提升，組織在偵測及影響環境的能力才能有所增進，是以每位員工均要輪流擔當領導的角色，從中領略建立網絡關係的訣竅，築造社會資本的功夫，發揚對話功能的祕訣，消除理解落差的說服之道，認識可以產生影響力抑或可資進行交易的價值，姑不論斯項價值是與知識啓蒙、任務完成、地位衍生、關係導致與個人因素有關（Cohen & Bradford, 2005），進而於領導過程中加以運用，致使組織運作的素質得能不斷提升，組織績效有目共睹，員工對組織向心力增強。

任何社會及其所屬的組織，若不能有效運用權力，就無法有效運營，而居於領導地位，並在地位取得後，運用由地位所產生的權力，進行影響及說服的作爲，一則經營組織內部的溝通，協調合作關係，帶動組織推展創意性的突破，永續維持突破的心智及技能，所以透由共同領導的機制，逐步培訓人人均可擔當領導之責，不致因領導的承續問題傷神，因隨時均有適格人員承擔領導之職。

5. 促成橫向協力

管弦樂團每由不同樂器專長者所組構而成，由不同樂器之間的合聲，合奏出天籟之音，引起聽衆的共鳴及迴響。組織亦由不同部門組構而成，如各不同部門各自爲政，出現高度的本位主義

作風，則將影響組織的整體績效，未能發揮最大化的合超效應。是以，組織的橫向之間，必須進行有效的溝通，充分協調工作的進程及步調，合力協力完成組織所派定的任務或專案。

茲為了促成橫向之間的協力，組織就要推動支持性的溝通，以問題為導向而非以針對個人為導向；鼓勵對問題情境的豐富描述，儘量避免做出評估性的論斷，或對某一個人貼上負面標誌；講究針對性的陳述，而非缺乏具體的陳述，因泛泛之論每易趨極端，造成被指涉的人感到無能和無足輕重的窘境；運用接連性的而非斷續性的陳述，即前後的陳述至為相關，並將言談往前發展，這樣才不致造成言談的中斷，甚至成為有效溝通的障礙；協助員工體會在組織受到肯認、瞭解、接受及重視，而非受到貶抑或輕視，用以形塑健全的人際關係；講究心理距離的縮短，強調溝通者負起自己言談內容的責任，而非推諉他人的作為；運用雙向的對話，不僅相互仔細地傾聽，同時接受他人的回應，以達成互為主體性的決定（Denhardt, Denhardt & Aristigueta, 2004）。總之，組織推廣支持性的溝通，鞏固橫向部門之間的協力，不致因負面的評論，讓員工安全感低落、無力感增加、不足感揚升，進而傷及整體組織的工作士氣與團隊精神。

6. 學習言談傾聽

強健民主的形成與鞏固，要求公民積極進行政治言談，一方

面表達自己的利益追求，以及對未來所懷的願景，以供相關決策人士的重視，設法將其納入有關政策架構；提出說服他人支持自己政策主張的理由，積極地推動議程的設定，致使議題進入議事討論階段，並順利完成合法化的過程；二方面透過言談的交流，發現共通的所在，建立深厚的關係與情感，築造命運共同體的社群；三方面藉言談的表達維持自己的自主性，催促有關當局重新建構政策問題的認知與解決方案的設計，突破政治對立的僵局（Barber, 2003）。而在組織推動民主與優化政治的場域，推行協力領導的氛圍下，每位參與者亦可運用言談或敘事的方式來成就八項事功：激勵他人點燃行動及執行新觀念的動機；表明自己的屬性與風格，用以建立彼此之間的信任關係；養塑夥伴對所屬組織的信任；注入組織的價值追求，用以標定同仁努力的方向；引領一夥人共事，協力完成組織的任務；分享知識經濟時代所需的創新知識，俾使找到對應時局問題的策略；馴服流傳於組織境內的閒話與謠言，消除各項不當的誤會；創造及分享願景，以引領同仁進入未來（Denning, 2005）。

　　不過，言談或敘事之所以產生原本的功能，需要參與者進行同理性的傾聽，將他人的立論徹底聽進，進而反思自己的立場有無調整的空間，再賦予相對性的調適，免除對方的疑慮。換言之，協力領導下的言談，在雙方誠摯的傾聽下，找到對方所論述

的內涵與旨趣之所在,以及各方皆認同的觀點作爲內部調適、外部因應的準據。

7. 尋求各方共識

組織的內部衝突雖蘊蓄建設性的效益,如藉衝突提供調適價值資源的機會,刺激創新及作爲引領變遷的動機,提供反思互賴的情勢及組織權力分配的狀況(Wagner & Hollenback, 1998)。不過,衝突一旦深陷對立而趨於破壞的地步,則組織的合夥關係未能建立,相互幫助不易激發,相互掣肘易於發生,惡性競爭難以避免。尤有甚者,破壞性的衝突代表著成本的升高、時間資源的浪費、錯誤決定的作成、優質員工的流失、不必要的結構重組、破壞情勢的滋生、工作滿足感及動機的低落、工作時間流失及保健成本增加(Dana, 2001)。

協力領導爲了降低衝突的代價,乃透過前述的言談或敘事機制來化解不當的誤解,進而縮小雙方理解的落差。尤有甚者,參與者之間正式面對衝突的所在,絕不對之逃避,蓋唯有面對才有化解的機會,進而安排在中立環境內的會議,每一方均不覺得受到任何的威脅;建立協力的系絡,強調兩者均至爲需要想出解決之道,並訂定基本的規則製造正面溝通的氛圍;討論雙方的立場,一直到雙方可以理解,並經由妥協的藝術建立共識,共同爲組織的願景協力打拼;而在協力處理衝突的過程中,盡可能依據

相關的事實、可靠的資訊，及有效的理論，來分疏各自的立場（Faerman, 1996）。

8. 展現使命承諾

紐約市奧菲斯管弦樂團，在經由前述七大原則的履踐，立下發揚組織使命的承諾，不僅要讓聽眾在心靈上得到激盪，享受演奏及音樂之美，更要厚實組織資本，以準備更受讚賞的演出；提升成員的榮譽感、成就感及未來感，養塑高度的團隊精神，願為組織貢獻每位的潛能，更加事前的演練，以勝出卓越的績效。

每個組織若能累積過往經驗，反省過往不足之處，立下優質化的標竿，設定未來發展的使命，而為成員的真誠認同，願為使命的實踐而努力，則卓越績效的勝出可以預期。換言之，事前準備的投入，成員之間的相互激盪，創造每位團員均處在高度的動能上，產出令人激賞的產出，本是自然的結果。

而組織之使命或目標之所以能夠獲得認同，本要具備七項特質：為組織成員認為重要者；陳述極為清晰且易為人所理解者；應用特定術語宣示，引人衷心嚮往者；可以量度，並設定合理時程加以完成者；每項目標之達成，均與組織運作的策略妥適搭配者；可以達成又深具挑戰者；每項目標的達成，均有妥適地報償支持者（Harvard Business Essentials, 2004）。

每項領導有其恪遵的原則，且在原則的領航及落實下，成就領導的終極境界。協力領導發源於紐約市的名樂團，並由經驗中提煉出八大造就組織聲譽的原則，並由其他的組織進行仿效，爲期開拓超越的績效。組織本不宜緊握權利，而應放下，致使員工養塑高度的權能感，願意更加投入組織使命的完成。

組織要釐清每位員工所要扮演的角色，設計績效計量表，要求員工在一定的質量水平上負責。尤有甚者，基於每位員工均是組織的貢獻者之思維，輪流分享及領導，以便豐富化領導的素質，擴大領導的視野。蓋員工之間進行充分的言談，分享彼此的思維，傾聽並應用彼此的觀念，每會有創意性的突破。

組織不得在橫向關係上出現罅隙，而要建立多元不同的平台，作爲塡補罅隙的橋梁。平日員工要進行誠摯的言談，以同理心來傾聽同仁的思維及想法，進而消除不當的誤解，順利化解衝突，建立內在調適及外在適應的共識。最後，員工在共識的引領下，展現對組織使命的熱情投入，滋生足夠的動能與氣勢，引領有力的組織變革，塑造值得追求的未來使命。

三、效應

紐約室內管弦樂團致力於倡導協力領導，並在八大原則的引領下，將組織不僅帶入效能揮發的前景，甚至將其逐步領航至興

隆、創新、卓越的境界。至於,在這項獨特領導風格的運作,究竟產生哪些極富價值的效應?

1. 養塑第八習性

奉行協力領導的組織,擁有一股顯著的氛圍,即所屬員工不只適時適刻表露自己的聲音、言談或敘說,同時鼓舞其他的員工,亦盡可能想方設法提出自己的主張、論斷及陳述(Covey, 2004),爾後再交流碰撞已發出的論述,進行創造性的綜合,提煉出對組織興革的各種方案,融合了各方睿智、知識與經驗,不再陷入傳統由上而下的單向溝通作法,避免主導獨斷所可能產生的盲點,失去的向心力及碰到的副作用。蓋今日已不是只有領導者得能言談,而被領導者只能聽從的時代,非講究雙方溝通,進行建設性互動,共同分享決策權及相對協助不可。

2. 滋生無痛變遷

組織處在外在環境不斷變遷的歷史時刻,如不能釋放組織變遷的枷鎖,則遭受抵制的可能性滿高,而導致組織與內外環境脫臼的情勢。不過,在服膺協力領導的八大原則下,進行組織的調適與適應的工程,由於變遷前進行「守原則的協商過程」(principled negotiation),以及推動創造性的重新組合工程,即對組織現有的資產,諸如人員、過程、結構、文化及社會網

絡，重新部署、安排及組合，以蔚爲嶄新的使用，將不會碰到類如創造性的破壞般之抵制或掣肘，反而易將變遷落實及鞏固（Abrahamson, 2004）。

創造性的重新組合，並不追求基要性、全面性的變革，而是重在可踐性、可受性及可負性的變革，要求適度規模與步調穩重的改變，以免引起強烈的爭議，不易作成終極決定，即若勉強作成，也會在執行轉化階段遭受抵制，致使原定變革目標的無法成就。蓋規模適度及站穩步調的變革，成本或代價較爲低廉，推動的速度亦可加快，更承擔較少的痛苦。

3. 降低組織病態

在傳統及單向式的領導下，被領導者只能扮演被動順服的角色，受到組織權威的壓制，失去原本應有的自主性，組織員工就逐步產生了一些問題或病態。比如組織疏離：員工認爲對各項組織事件缺乏控制力，而形成的無力感；對個人及社會事務不甚理解，而衍生的無意義感；在成就目標上，滋生無規範感，而使用未能得到社會贊同的手段；拒絕適用社會已約定成俗的價值及標準，而發生與社會疏遠的現象；從事未能發揮內滋性報償的活動，以致造成自我疏遠的後果；並在未能參與組織運作的情況下，產生被排除或拒絕的意識（Scott, 2003）。

員工與組織之間的互動，讓員工感受到欠缺正義的情勢，則為第二類嚴重的病態。蓋組織的決策威權化，由主管將相關決定，交由同仁來落實，並未在決定形成過程中，設立交流對話的平台，允准受決定影響者表示意見，倡導主張的機會，導致完全執行他人的政策，難免在執行的意願上會有低落的現象；再者，領導者與部屬之間，如一直處在競爭對立的狀態，前者與後者競相爭取各自的利益，後者就會出現抵制，而無法形構建設性夥伴關係，將兩方的能力連結，進而發揮合超的效應。而組織相關報償的決定，關係取向重於成就取向，種族及性別差異成爲定素，造成不同的分配，亦引起員工認爲不正義的現象，導致消極的不合作主義，影響到組織的成績單。

第三，目標的錯置，即員工將工具性價值當爲終極性價值來追求，這種過度固守律則的現象，每會引發膽怯、保守及技術導向，而缺乏全局宏觀的願景或思維，致使組織的生命週期提早停滯，漸進走入老年期，而趨向式微的情景。換言之，組織員工如過於重視工具的使用、著重工作的安排、如何進行的程序，以及工作團體的部屬，則組織運作的僵硬，就會欠缺必要的彈性，降低權變因應的能力。事實上，目標的成就每有多元不同的途徑，可視情境的演展而妥適安排或選擇。

在協力領導的運作下，講究有效的互動，分享各自的思維，

傾聽及應用雙方提出的觀念，而使創意性的突破有了出口的路徑，不致永續固守一方；並因分享組織的決策權，對最終的決定均有涉入，而讓疏離感的遠離，權能感的產生，責任感的養塑；何況，資訊、觀念及資源自由在雙方之間的流動，各方的聲音均能被聽進去，不正義的情勢較不易找到出台的空間。

4. 樹立績效支柱

向來支撐高組織績效的支柱有四：機警——隨時發現內外環境的變化，並立即加以反應，不可延到這些變化對組織產生不良效應之後才有所回應，造成因應不及的窘境；靈活——適時授權職司任務者，使其權宜作成例行性的決策，減少單位間的溝通、協調與合作的障礙，推廣參與管理，致使每位同仁均能就自己習成的專長，在組織盡情發揮，同時設置開放性的溝通管道，能於最短時間消除彼此之間的理解落差，形成一致行動的共識，不致造成必要行動的推遲，而讓出現的問題快速惡化；調適——組織職司者引領同仁對應環境的演展而為必要性及針對性的調適，並透由守望的過程，找到可資運用的機會，以獲取競爭優勢，萬萬不能扮演類如溫水中青蛙的角色，未能即時察覺周遭的變化，不僅大失乘勢的時機，而且也可能因自己的惰性而陷入險境之中；合作——即經由不同機制，讓組織蒐集到有益於組織的資訊，並提供合時宜的資訊科技，致讓各單位及相關網絡組織得能協力，

密切合作且同步完成組織使命（Light, 2005）。

協力領導的特性及推展原則，在在均是關注機警、靈敏、調適及合作的作為，並有異曲同仁、殊途同歸的作用。因之，既然這四者是組織績效勝出的支柱，協力領導的推動與貫徹，首重消除同仁的盲點或無知，轉化漠不關心的習性，活化組織思維啓動彈性的環境回應，以及化解同仁之間步調不一、競爭設定任務推展的優先順序，進而提防組織的脆弱性。

協力領導幫助組織於運作過程中，培塑出員工的第八習性，引領組織不僅產出優質的效能，更能導向偉大的事功，推動社會的向前發展，造福社會的弱勢者。再者，這項領導妥適運營八大原則，逐步領航組織進行無痛性變遷，並由員工無痛的感受，盡力支持組織必要的變遷，消除組織與內外環境的脫臼不良情勢，避免組織的提早式微

組織病態的現象，避免組織政治運作的劣質化下時有所聞，是以在員工講求主體性及自主性的當下，威權化的運作恐已不符時代的要求，有必要熟練協力領導的精神，排除員工對組織的疏離、無力感的情勢，提高員工對組織的承諾感，願意與組織合力打拼，完成雙方的共同目標。

組織績效的產出爲組織存在與員工向心的前提，而其產出的

四大支柱：機警、靈活、適應及合作，亦可由協力領導來造就。即由多元視角來敏感環境的演化；由腦力激盪出靈活的策略，來適應內外在的任何情勢演變；由雙向溝通化解彼此之間的意見歧異、步調不一，進而形塑合作性的策略夥伴關係，協力完成組織使命。

📖 結　論

協力領導讓紐約室內管弦樂團重新想像，要如何運作方能將組織的績效登項，築造豐厚的社會資本，引領顧客的認同，其他組織學習的標竿，進而排除組織原本的脆弱性。經由前述三大面向的分析及論述，吾人或可推論出六項道理：

1. 層級節制未必產生績效

層級節制的組織體系雖有命令統一的功效，但員工之間互動較為困難，而且在地知識因層級距離的存在，呈現出較為匱乏的窘境，以致上層的象牙塔決定無法對應在地的需要，導致決策與問題情境之間的落差，因此未能得到問題的解決。反之，在協力領導之下，層級從中消失，資訊、消息的流通不受到上行或下行溝通的障礙或過濾，易於形成各方配合的一致行動，鋪設績效產出的管道。

2. 領袖魅力未必關係績效

組織績效的關鍵,各部門之間的協力,排除聯合行動的複雜性,恐比領導者個人的魅力來得重要。這種現象尤其在知識社會的時代更為明顯,因為該社會的寶藏就藏在每個人頭殼下的腦中,要由適當尋寶路徑才能找到提升績效的知識。是以,由於每個組織員工均蘊藏有寶貴知識,勢必要透過溝通、互動、交流的過程,使不同知識的融合,找出適宜解決問題的方案。

3. 集思廣益攸關組織績效

在知識社會裡,組織之能擁有對外競爭力,對內勝出卓越的績效,有賴於不斷的創新,培植無人能模仿的人力資源。不過,這種情勢之達到,非賴單人領導所能成就,即所謂「獨木不足成林」,而賴組織同仁針對目前面臨的問題,將來所要遭遇的挑戰,透由協力的方式,集思廣益的腦力激盪,碰撞出創意,匯聚出突破因應或未雨綢繆之策,以防止組織走入生命週期的晚景。蓋在知識經濟的時代,組織若未能扮演新知識催生的角色,築造多元關係的角色,快速部屬應付嶄新情境的專家,就會有流失利基的威脅,實有必要依仗組織人的集思廣益。

4. 權力分享關係員工向心

人類總有權力慾望,很想運用權力影響他人,說服別人共同

成就願景。組織的員工同樣擁有這樣的企圖，所以主事者應將各項例行的事情由員工決定自行負責，以養塑責任意識，形成責無旁貸的習性。尤有甚者，組織在進行授權之際，同時厲行參與管理，進而社會化內控的意識，消除全然外控的心理，增強員工對組織的向心力，避免人力資源的外流，失去對組織至為關鍵的知識。換言之，組織之能迎接紛至沓來的挑戰，勝任適應性的變遷，所仰賴的是員工的熱誠投入、資訊的分享與清楚的使命指引，而三者的推動力在於權力分享。

5. 策略圖案轉換具體成果

透由協力領導的過程劃定組織在人力、資訊及組織資本的築造方向及策略，在運作、顧客、創新及規制的管理上如何作為的策略，在講究服務品質、建立顧客關係、及塑造組織形象的策略，與如何雄厚財力、增加組織價值的策略。蓋這些策略的詳細釐定，一則指引員工的行動方向及要行的作為，二則由具體的作為轉化可觀的成果，建立組織的信譽，吸引更多顧客的青睞，維持及拓展組織存在的正當性。

6. 團隊績效基於自行管理

在一個奉行協力領導的團隊，往往被充分授權來推動一項特殊而待進行的任務，而任務之達成卓越的境界，每每依賴團隊成

員自行管理，既深知自己罩門的所在，而勤於補救及能力養塑；又例常與自己信任的成員言談，從他或她的見識和支持，提升自己的自信及自尊；再觀察與體會別人處置變遷之道，學習應對的可貴教訓；集結內滋傾向較強者組成團隊，以利於各自在自主的情形下效力。因之，擁有自行管理能力者，方能在協力領導的氣候下，產出亮麗的團隊績效。

　　歸結言之，協力領導無法放諸四海而皆準，有其支撐的情境，有其必要的運作原則，更有其所要符應的屬性，才能鋪設勝出成效的路徑。於是，任何組織若想獲致屬行協力領導的效應，而冀圖移植這類領導，就要事先審視自身的組織系絡是否配合，員工的人格特質是否較屬於內控傾向，才決定最終的取向。千萬不可為移植而移植，因為移植的標的只是勝出效應的一個因素而已，尚賴其他接軌性的配套，如若配套無法健全，就要再加參酌及準備，建制必要的結構，整合團隊的共同目標，維護協力作為的強健及活力，分配協力必要的資源，設立溝通順暢與資訊分享的通路，以及屬行詳實的省、知、習工作，以為第二個協力專案作準備。總之，協力領導是要有基礎的，要充實前述的諸項協力活動，方能期待其優勢及機會的產生，其劣勢及威脅的排除。

參考書目

Abrahamson, E. (2004). *Change Without Pain.* Boston, MA: Harvard Business School Press.

Barber, B. R. (2003). *Strong Democracy.* Berkeley, CA.: Luniv of CA. Press.

Bossidy, L., R. Charan & C. Burk (2005). *Execution.* NY: Crown Publishers.

Cohen, A. R. & D. L. Bradford (2005). *Influence Without Authority.* NY: John Wiley & Sons.

Covey, S. R. (2004). *The 8th Habit.* NY: Free Press.

Dana, D. (2001). *Conflict Resolution.* N.Y: McGrow-Hill.

Denhardt, R. B., J. V. Denhardt & M. P. Aristigueta (2002). *Managing Human Behavior in Public & Nonprofit Organizations.* Thousand Oaks: Sage.

Denning, S. (2005). *The Leader's Guide to Storytelling.* San Francisco: Jossey-Bass.

Faerman, S. R. (1996). "Managing Conflict Creatively," in J. Perry (ed.) *Handbook of Public Administration.* San Francisco: Jossey-Bass.

Harvard Business Essentials (2004). *Creating Teams with an Edge.*

Boston, MA: Harvard Business School Press.

Harvard Business Essentials (2004a). *Managing Projects Large and Small*. Boston, MA: Harvard Business School Press.

Harvard Business Essentials (2004b). *Manager's Toolkit*. Boston, MA: Harvard Business School Press.

Harvard Business Essentials (2005). *Strategy*. Boston, MA: Harvard Business School Press.

Light, P. C. (2005). *The Four Pillars of High Performance*. NY: McGraw–Hill.

Luke, J. S. (1998). *Catalytic Leadership*. San Francisco: Jossey–Bass.

Romig, D. A. (2001). *Side by Side Leadership*. Austin: Bard Press.

Scott, W. R. (2003). *Organization*. Upper Saddle River, NY: Psentice Hall.

Seifter, H. & P. Economy (2001). *Leadership Ensemble*. N.Y.: Times Book.

Wagner, J. A. & J. R. Hollenback (1998). *Organizational Behavior: Securing the Competitive Advantage*.

第六章

可近智商與情緒韌性

　　組織績效的勝出，向來皆在主事者用心地引領同仁，以步調一致、任務聚焦及相互協力的方式，共赴目標成就、專案實現及付託完成的境界。不過，這項境界的順利達至，同仁受到領導者經由歷練而形塑的特殊特質所吸引，進而展現高度渴望貢獻所長的動機，滋生想望成就的需求，點燃至盼學習的火花，願意在領導者的驅動下，共同為組織業已設定的任務議程而賣力。

　　至於，組織的任務推動者究竟該養塑哪些特質，促使員工誠願馴服在其引領之下，展現高度的執行力，俾讓組織的任務適時適刻地加以完成？有兩項特質既值得學術界及實務界的關注，又是台灣社會少有討論的議題，似乎呈現學術落差的現象，有必要加以填補，並誘發成為研究的焦點，以經驗研究證實或否定，其

對組織建設性運作的效價，進而在實務界推動社會化的工程，加強斯二項特質的培塑，再感染富才華的員工，使其持續承接組織致勝的基因，作為不確定時代人才的標竿作為。

這二項特質一為可近智商（accessibility quotient），旨在衡量身為組織內的員工模造師，虛心接納他人的建議、看法、思維、論述的雅量度，以證明其與組織同仁容易共事，誠願協力，創造合超效應產出的路徑（Cook, 1999）。二為情緒韌性（emotional fortitude），旨在測知組織領導者為了提高組織任務的執行力，進而揚升組際之間的競爭力，其所要浸蘊的自知度，明知自己的不足，排除自見、自是、自矜及自伐的作風，進而虛心地廣納自己需要的各項資訊，願意匯合不同的意見，化解從中的矛盾與衝突，贏得團隊的鑑賞，消除同仁之間協力合夥的勉強，降低聯合任務行動的複雜度，不致在任務執行過程中，滋生增加成本支出的延宕行為（Bossidy & Charan, 2002; Starling, 2008）。此處就要深入討論這兩個特質所涵蓋的面向，每個面向所觸及的核心內容，進而論述組織主事者培塑這二項特質，對組織會產生怎樣的衝擊。

一、可近智商

組織員工每有諸多有價值的想法，足供組織進行較為成功而

有效運作的應用。然而，這項極富價值的資源，如因主事者的專斷，權力的獨享，不易與員工接近，每會造成寶貴資源的浪費，傷害員工的參與投入意願，阻礙相對較佳配套方案的組合，而未能將目標的實現度提升到最佳化的境界。是以，在面對不確定時代的挑戰，領導者本身存有能力落差的事實，乃要重視這項智商的發展與成長，刺激多元融合的空間，事先備辦共識匯合的機會窗。至於這項智商可由十個面向加以觀察與論斷（Cook, 1999）。

1. 時常諮詢想法

組織的員工每每知悉：任務主事者在處理組織事務時，不見得均胸有成竹，得以順利找到解方加以對抗，斯時若能徵詢員工的想法，或可破除這項處事的窘境，不致於虛擲時間，排擠運籌帷幄其他重大事務的時間，甚至延宕危機處理的黃金時間。何況，這樣的諮詢更有三項意想不到的效益：一為展示對員工的尊敬，重視其所提出的論述；二為表示自己並非處事唯一的智慧來源，顯現與人共事的高度意願；三為為自己開放找到有價值資訊的機會，不必一直陷入苦思不解的困境（Ibid.）。

不同的員工，由於接受不同的學習過程，每習得不同的知識，養塑不同的視框，得能在問題認定、目標設定及方案連結上產出富有價值的見解，組織的主事者應重視這項潛在資產，成為

滋生經濟資源的基礎。是以，主事者要理解到員工蘊藏知識的價值，設法將其發掘與轉化，以蔚為組織所用，凡事諮詢乃是啟動這項知識發掘的工程，任何組織主事者再也沒有自見、自是的空間。

2. 傾聽員工建議

主事者除了進行必要的諮詢之外，還要展現同理性的傾聽，全然理解並掌握員工建議的內容，進而以之作為激發洞見的能源，藉以洞悉組織所面對問題的情境系絡，以及對應情境系絡可資採取行動的套案，再一舉減輕問題情境的嚴重性。

至於同理性的傾聽可以三個 R 來表示：一為接聽（receive），蓋為理解員工建議的內容，主事者就要詳實接聽員工的所述，不可分心他務，以致不能捕捉全盤的結構；二為反思（reflect），即仔細思維所接聽到的訊息，從中找到有意義的觀點，將其加入解方的系絡架構之中，致使對方感受建議受到重視的滋味；三為改變措辭（rephrase），用以證明確實理解到建議的內容，進一步徵詢提議者評斷有無誤解之處，作為再度修正以完全反映建議者的心思（Ibid.）。

3. 鄭重採納意見

員工一旦勇於提出各項任務完成之策，主事者就要鄭重地對

待之，不能對之置之不理，阻礙其後續建言的心志。因之，如果員工的想法深具價值與創意，主事者就要樂於採納與認同；如其中某些觀點猶有瑕疵，就要與之對話，協力組構更為強健的行事之道。總之，雙方就已提出的各項想法進行建設性的對話與討論，進而透由意見交流的過程，激起更有用的洞識，足能駕御內外在環境演化所衍生的問題情境。

須知，主事者不免有任事的盲點，如若組織的任何決定，全憑一人的視框來抉擇，恐會承擔重大的組織風險，甚至是無法挽回的風險。因之，主事者為了思深慮遠的決策有了管道可資出現，容忍不同意見的提出，並審慎地加以參酌，排除自己過分的自信與樂觀，而經由意見的交流及對話，從中找到風險無由衍生的任事之策。

4. 重視員工看法

組織主事者以鑑賞的方式來證明：自己重視員工對解決組織問題所提出的獻替，不一定非要等待有了結果才進行論功行賞。因為，組織任務之成就，本來就大大仰賴員工的創意性投入，扮演心甘情願的合作合夥人，以及全力以赴的工作情懷，主事者若在任務推動開始之際就以認可或公開鑑賞的方式，嘉許員工的建設性觀點，將點燃其盡心盡力貢獻組織的渴望，永續維持對組織投入的承諾。

　　吾人要體認：組織員工乃本著極大的勇氣及毅力，提出對組織有益運營的想法，主事者就要誠心地加以適度的回饋，報償這樣難能可貴的勇氣。蓋不論任何問題的提出，任何替代方案均對組織具有正面的貢獻，絕不會對組織構成任何威脅。前者或可協助主事者重新建構更能反映問題實境的認知，消除自己主觀的認定，抑或但憑直覺而定的不足；後者強化套案的涵蓋面，兼顧問題情境的多元面向，不致產生顧此失彼，抑或射不準多元不同的標的對象，使其未能同時得到一樣的政策處置待遇。

5. 決定之前查證

　　主事者在作成相關影響員工工作的決定前，與員工溝通、諮商及理解期許之所在。蓋任何影響員工工作條件或情境的決定，為了避免事後的有形或無形對立，主事者或可進行事先預防的策略，而將潛在的衝突，不利於組織的作為事先化解。即與員工進行決定之前的意見交流、歧異溝通，並將他或她的看法納入決定的內容，這樣的舉措不僅顯示：主事者對員工的尊重，而且協助主事者作成較佳的決定。

　　風險的最佳管理乃在於事前的種種準備作為，圍堵了往後風險發生的時境（Mitroff & Anagnos, 2001; Barton, 2008）。組織之主事者職司決策的作成，但因決策如若只由單方的想法作成，每蘊含潛在的風險，恐對組織及員工帶來不利，是以主事者在作成

決策之前，吸納員工的意見，作出反映他或她需求的決定，致使因其投入的決定，一則或可強化決策的執行力，二則得能事前防範他或她的抵制風險。因之，風險預防的決策，本質上是講究參與式的決策，透由視框的反省找到共識匯聚最強的套案，事先杜絕潛在風險的滋生。

6. 支持員工立場

組織主事者在監督會議上願意挺身幫助員工，爲他們的權益、立場及相關論述護衛，以避免任何不公平的攻擊，更願意共同承擔任何失誤的責任（Cook, 1999）。

一個擁有高度可近智商的主事者，在組織進行相關決議時，對員工所提出的興革建議抑或創新作爲，認爲循證合理、理據正當，而又契合時境，如若遇到有人的非理性批判，試圖阻撓斯項建設的終極決定，主事者每要挺身而出，對該項建議表示支持，進而增強更具說服力的立論理由，提出反駁反對立論的不當性，致使不當的攻擊在循證的氛圍下自動化解，以得到員工的肯認，誠願以其經驗提供更多的創制案（Pfeffer & Sutton, 2006）。

7. 清晰詮釋目標

主事者在交代或賦予員工一項新的專案時，爲了員工得以快速進入運作的情況，定會對之詮釋新專案所要追求的各項目標，

使其輕易浸淫其中，理解出經濟而有效的完成之道，不致再虛擲時間摸索攻堅之策。因之，當主事者在加諸員工一項任務時，對之講述任務的大綱，要求要怎樣地加以完成，使其不必再費心揣測主事者內心的盤算，以免發生不當揣測的偏差，抑或嚴重的期待落差。

在正常的情況下，員工如能充分瞭解自己新擔任務的全盤經緯，以及其所要致力推動的目標成就，從事起來就較能順暢，也可講究一定的品質。尤有甚者，一旦員工先進入完成任務的情況，知悉追求目標的方向，懂得各項資源及時間的配置，組織就可預防代價昂貴的負擔。是以，事先的任務溝通，匯聚目標的共識，本是預防性管理的展現。

8. 歡迎員工質問

在操作一項正在進行的專案時，主事者歡迎員工的相關提問，並會開誠布公地對話，藉機化解員工的不當認知，致使專案在既定又平穩的軌道上運作，不致於中途因員工的誤解而發生執行脫軌，造成組織的損失。

須知，員工對操作中專案的提問，乃是主事者測知員工是否全然知悉專案的「棉角」，以及所要成就的目標。如他或她的提問有所偏離，正好藉機加以及時的矯正，以免造成無謂的損失。

再者，員工也不希望因自己對專案的無知，而於任務推動的過程中不得要領，進而受到相對的懲處，是以關切任務的提問，並獲致充實或豐富化的詮釋，有助於工作品質的提升，加強員工任事的信心，也可減少運作的成本，簡直是獲取雙重效益的行為。

9. 賦予決定空間

組織主事者對員工執行一項專案的作為，賦予一定的抉擇空間，不可全然代位決定，而使員工失去執行抉擇的自主權，進而消失權能感，而對執行的推動出現勉強的狀況，導致執行成效的次佳化。

俗諺稱：「條條道路通羅馬，人人有路到長安」，所以主事者的職責所在在於：清晰地及明確地詮釋專案所試圖追求的目標與在推動過程上答覆員工的各項提問，但對於目標的如何成就之道，就不必完全地加以限制，盡可能留下空間，以致更具創意和率先的策略，擁有派上用場的空間。主事者要考量到員工每有自由裁量的需求，抑或已由過往養塑內控的性格，不希望自己設定的執行策略受到過度的侷限，而感到自主權流失的尷尬。因之，主事者在掌握大原則、大方向後，對於執行的細節，在體認殊途同歸的可能性後，就由員工以自己的學識與經驗，自由抉擇執行的路徑，以檢驗他或她的擔當。

10.防止負面批評

　　主事者要在公開的場所對員工表示嘉許,而於私下一對一的情況,提出對員工富有建設性的批評,才會產生回饋性的功效。蓋公開的批評每易引起受評者的自我防衛與憤怒,不易滋生再社會化員工行為取向的效用;反之,以私下不公開的方式,外人不易耳聞的境況下,以尊重的方式,果斷地對員工提出建設性批評,比較有可能得到員工的認同,並獲致主事者所冀求的,姑不論在工作績效上產生顯著的改善,在處世上更加積極主動,在與同仁互動上更為誠摯,同時展現組織公民意識的行為。

　　批評本要有積極的效應,才能展現其要意的所在,如若因方式的不當,引發受評者的尊嚴受損,甚至衍生不良的後遺症,那就失去批評的原本價值。是以,擁有可近智商的主事者要能體會批評的兩面刃,審慎將事務使批評走向建設之路,而避開破壞之途。

　　上面十個面向乃決定組織主事者所具有的可近智商之高低。大凡智商愈高者,愈能發展員工的處事能力,使其發揮潛能,為組織開拓更多的機會窗,提升組織之間的競爭力,鞏固組織存在的正當性。

　　組織之成事本是因團隊成員的協力而製造優勢,所以為了達

及協力的優勢，發揮群策群力的效果，主事者就要展現高度的可近智商，一則刺激員工學習的熱誠，二則提供滿足員工成就的管道，三則實現員工貢獻組織的渴望，進而養塑員工對組織的承諾感，不易輕易離開組織，造成組織所要知識的流失，妨礙未來的競爭力。

二、情緒韌性

執行企劃或專案本是組織領導人極為重要的任務，其更是組織因應變革或隨境轉型的落實動力。蓋任何一項卓越的想法，設若未能經由領導人，引領同仁將其轉化成具體的行動，該想法恐因執行落差而猶停留在想像的階段，無力為組織擴展疆界，增大生存空間，營造優勢的形象，吸引更多的人才，加入拓界的工程（Bossidy & Charan, 2002）。

不過，執行力的順勢滋生，領導人居中策應的角色至為重要。蓋由其領導風格，引誘優勢的團隊，共同協力完成具體行動的工程，產出卓越的績效，進而甩開競爭對手。這項執行力的誘出，有一項核心的推動力，乃是領導者經由歷練而養塑的情緒韌性，致命地吸引同仁從事組織願景的成就、使命的實現，以及目標的達成。這項領導特質或核心能力的內容，吾人有必要加以探索，用以引領組織主事者的關切，並以之作為需要人才的培育標

竿，鞏固組織堅強的執行力，不致讓理想的策略始終停留在議論
階段，進而產生連結迷失的窘意。茲由《執行力》一書，以及相
關文獻探析情緒韌性的實質內蘊，以爲終結迷失的前奏。

1. 真切誠摯

組織領導人爲了強化推動任務的執行力，並由成功而有效的
執行產出令人認同的績效，爭取到永續生存的正當性，首先乃要
在團隊之間，以眞切誠摯的氣質來築造同仁對他或她的信任，進
而驅動所屬共同爲任務成就而奮發有爲。換言之，領導者要能表
裡如一，誠於中而形於外，不得有任何僞裝，導致員工失去信
心，無意願配合引領，而出現巨幅的執行落差。

根據《眞誠領導》（Terry, 1993）一書的看法，衡量一位領
導人的眞切誠摯可由七個標準來進行：

(1) 理念行動的一致（correspondence）

領導人爲了展現眞誠，不僅構思任事的理念，更以具體的行
動來加以連結，蓋只有優質的意向表達，但並沒有接續的作爲，
就非眞誠的呈現。

(2) 行動資源的一致（consistency）

行動的落實本賴於相關資源的糾集與動員，如若資源猶處於

闕如的狀態，則行動在欠缺催化的能量下，恐會停滯不前。

(3) 多元行動的連結（coherence）

任務行動可能至爲多元，如若各走各自的陽關道或獨木橋，而未能匯聚於任務的完成上，每易將行動效果相互抵銷，無法茲生合超與創意的效應。

(4) 開誠布公的講究（concealment）

主事者放棄選擇性的偏執，以及自行證成行動的理由，以免不能洞識行動的整體衝擊。

(5) 思想行動的表達（conveyance）

主事者充分表達思想與行動，開啓不同思想與行動間的交流，啓發兩者的整合。

(6) 開放完整的架構（comprehensiveness）

一來徹底展現行動所要追求的意義，包容各種各樣的看法，進而進行雙向道的對話，化解每造的疑慮及誤解。換言之，組織之主事者於行動之前，定要仔細端詳內外在情勢，前瞻未來機遇，後顧已現情形，再對應採取系統內部推動的作爲，以掌握系統全部營運狀況。

(7) 行動並轡的趨同（convergence）

組織主事者引領同仁邁向一致目標的追求，即經由共同基礎的設立，致使彼此之間的歧異得能彌縫，進而滋生合超效應抑或乘數效應。

領導者如若修練這七C的素養，就對員工完全展現真切誠摯的情懷，吸引他或她的景從，既對組織構築一組有力的團隊，不但得能應付今日繁重的任務，而且積極準備未來遭遇的任何挑戰。即言之，組織的執行力因為同仁受到主事者的真切誠摯感召而受到強化，並將各項抽象的策略轉化成具體的行動，進而鑑賞優質成就的勝出，免去策略與行動之間失去連結的尷尬。

2. 認清自己

擁有情緒韌性的領導者，其第二項所要充備的特質就是：充分認清自己，以免陷入自見、自是、自矜與自伐的陷阱，而與同仁之間存有極大的鴻溝，不易凝聚全體的力量共赴事功，克服勉強合夥的窘境。因此，領導者首先要瞭解自己的長處所在，並從容地加以運用，以發揮最佳化的效果。

第二發現自己的弱點所在，引進同仁的優勢來彌補，以完成組織交付的任務，以免一直受限於自身的弱勢，導致緊要事務的推動，未能順時順勢完成，如若勉以成就，則品質一定受到影

響，有損組織的品牌，進而傷害到品牌原本可滋生的資產。

　　第三經由認清自己再由自身所經歷的成敗中不斷學習，不斷充實成長。一來由成功的任事經驗中，強化原本建構的過程安排，與每一階段所要攻克的課題；二來由失敗的體驗中，領悟出哪些課題的應付策略要改弦更張，那些知識的管理需要重新改變，以利以知識或理據為基礎的行動得以催生，哪些關係資本至需築造，以事先掃除任務執行的障礙，哪些專業人才需要再加部署，不僅召募時需人才，更讓人才適時安排適所之地，以發揮人才效應。

　　第四鑑於領導人未能完美到知人善任，同時也精於策略規劃以完成各項承攬的專案，又能有效指揮日常運營，限時推動職務範圍所需進行的一切事項，於是其自身若能清楚理解到這些不足或欠缺之處，進而由組織尋求各項協助，用以及時完成業已設定的任務，不致因不當的延宕而造成組織不利的損失。是以，一個若無法認清自己的優勢與劣勢的領導者，及時雨似的支援以化解劣勢，似乎不可得，優勢亦不易找到勝出的機會。

　　認清自己，一方面展現自己的長處，致力於組織任務的成就，進行必要的興革，藉以開創生存與同類組織的競爭力，鞏固永續發展的正當性。另一方面洞悉自己的弱點，再取人之長，來補自己之短，共同協力完成組織目標。這樣雙重的認清，才是領

導者做到眞誠無欺的境界，更是協力管理的發揮，引領工作團隊力量匯聚的功能。

3. 自制克己

領導者認清自己之後，才有機會進一步自制克己。首先克制或收斂以自我爲中心的想法，凡是憑藉經驗，抑或應用證據作爲組織決定的基礎，以免置組織於風險之境（Pfeffer & Sutton, 2006）。換言之，一個優質與富競爭力的組織，在領導者自知之明下，每要用心將知識轉化爲行動，盡可能地消除知行未能合一的情境，減少錯誤的行動，進而收成正確行動的效果（Pfeffer & Sutton, 2000）。蓋在長期知識的引領下，組織人始能掌握哪些方案在哪些情境下，針對哪些對象，並在哪些因素支撐下得能發揮效用，而作出妥當的抉擇，不再受制於決策者全然主觀判斷的影響（Pawson, 2006）。

其次，領導者在採取必要行動以推展主題任務之前，爲求行動的情境貼近性，不會自以爲是，而會仰賴他人的才華，用以成就組織的策略性目標。換言之，他或她會利用對話的場域，一來傾聽參與者的觀點、建議與論述，二來從雙向交流的過程中，形構共通的想法、方案組合與行動體系架構，一致對付組織所遇到的挑戰。尤有甚者，自制克己的領導者往往深悟「倫理工具性」（ethnical instrumentality）的作法，擺脫你我競爭的狹隘，抑或

個人自大的意識，而融合兩者的見解，找到通往成就目標的路徑圖（Lipman-Bluman, 2000）。

　　三者自制克己的主事者不會僵化原本的行事作風，而會順應變遷的步調，調整業已失去系絡支撐的行事觀。蓋在複雜多變的時代，主事者猶如故步自封，自然會逐步失去生存的立基，只有順應各項演變，接納嶄新觀念，研擬對應的行動，才不會落伍。

　　四者自制克己的領導者，本會採取倫理的作為，用以導航困難的組織情勢；協商各項衝突，以爭取組織社群的利益；應用組織人力資源及設定過程解決團體之間的問題，而非為了增加個人的權力；納入組織員工，使其有機會與有管道貢獻對組織成長有益的知識及才華；以授予富挑戰性任務的方式擴大支持者的能力及對組織的忠誠感。這些作為，均致使領導者有機會轉化多元不同且彼此互賴的離心力成為向心力，並以這股力量化解組織的難題（Ibid.）。

　　五者領導者深知自己並非無所不能，非時時保持求知慾不能理出處置並不熟悉的事務之道。尤有甚者，他或她為了突破組織所面對的困境，乃適時激勵員工提出不同觀點的討論，進而開創相互學習的場域，從中理出有效解決問題之策，不致在面臨問題之際，四處抱怨滿腹牢騷，而能冷靜以對，發揮群策群力的作為，克服多方而來的問題，展現執行力的極致。

　　自制克己開闢員工願意分享經驗的心門，亦藉機轉化離心力量成為向心力量，並在長短互補之下，多方交流對話而創造出新思維及新方案，以利組織行事策略的運轉，建構完成組織任務的力量，培塑領導者與員工一體成事的紀律。尤有甚者，領導者亦可藉由自身克制的機轉建立真正的自信心，誠願藉助團隊的整體力量，承擔組織在執行任務時的各項潛在風險。換言之，領導者建立自信，同時深信員工願共同承擔任務執行的承諾，就不會感到自己的心虛或缺乏安全感，而阻礙組織執行力的發揮。

4. 行事謙恭

　　組織主事者的首要重任就是建構成就導向的組織文化，而這項文化的形塑有一項原則為主事者首要服膺的，即行事謙恭（Bossidy & Charan, 2002; Murphy, 2007）。一旦他或她知悉組織的理想走向，但明白而謙恭地肯認目前尚未達至該項走向的知識或方案，同時積極尋求各方的協助，想方設法地找到成事的知識或專才。換言之，主事者要深諳「連結共榮」（linked prosperity）的運作道理，任何組織之所以能成就願景，並非只賴一、二人之作為，而須仰賴組織社群的同仁，彼此設定時段性的目標，經由諮商對話過程，研擬各項問題解決的方案，並於落實期程齊心協力，發揮強大的執行力，俾讓所有同仁共同分享組織的成果，而社會化出共同所有的意識（Murphy, 2007）。

不過，謙恭的內涵有四項指涉，可以指引主事者學習或養塑（Ibid.）。

(1) 認清自己的不足

主事者瞭解自己並非無所不知，還有諸多需要學習之處，猶賴多元化的組織社群成員，成爲不足的學習標竿，經由請益的旅程，將自己欠缺的加以補充，同時於請益的過程中，一直探究各項可資採擇的方案，商討其潛存的弱點，落實後可能滋生的威脅，再設法加以轉型，抑或再思以建構擁有防火牆足以防止威脅或風險滋生的套案。

(2) 經由錯誤學習

主事者承認在資訊並不充分之際，個人均有認知的限制下，每於行事過程中發生一些行事的瑕疵。不過，他或她並不會屈服於錯誤，反而從中作爲借鏡，一來避免重蹈覆轍，二來成爲反省的標的，思索較佳的方案來克服嚴重的問題情境。

(3) 深賴他人成事

主事者深信：組織課題之攻克，單靠自身恐力有未逮，時時有賴同仁共同來完成，所以所有的組織成員均有其貢獻的機會，並遵奉連結共榮的信念，共同分享組織的資源，形塑出命運共同體的意識，儘量授權以維護永續的成功。

(4) 詢問相關問題

當組織同仁共同討論組織議題之際,主事者為了深知體會所有相關的觀點,尤其是自己原本並不認同的議題,要詢問針對性的問題,釐清問題建構的內涵,方案立論的基礎,目標設定的原則,力求三者之間的有機連結,以方案化解問題的幅度,問題幅度的縮小證明目標的成就。

組織之主事者向來沒有狂妄自大的權力,更不許可掩蓋自己的無知,而要以謙恭的情懷極大化與員工的互動,從中獲益組織勝任任務的解方,進而深悟連結共榮的道理,而以廣納資訊的方式尋求優質方案的組構。蓋沒有領導人是完全無缺的,每個人總要由錯誤或失敗中學習,是以承認失敗為汲取教訓的第一步,再由失敗中解析因素之所在,得知突破的機制,更以強大的執行力來進行抽象機制的轉化工程。

領導者除了與員工進行極大化的互動,以收截長補短之效外,更要精鍊自身的任務及才華,奠定員工尊崇的形象,發揮風行草偃的作用;還得協助同仁,貢獻己力促成他人的任務,這樣才能發揮強而有力的關係領導,採取深富原則的工具行動(principled instrumental action),即倫理地及開放地應用自己與同仁的力量,來成就組織嚮往的目標。這種領導者擺脫自大的毒素,奉連結共榮為行事指針,乃是發揮關係領導的極致,建構強

大執行力團隊的源泉（Lipman-Bluman, 2000）。

三、病態預防

　　組織之所以能利用各種機遇，鞏固自己的疆界，甚至擴大所屬版圖，增強組織之間的競爭力，想必由主事者居中運籌帷幄，並以可近智商及情緒韌性，構築連結共榮的團隊，共同擔負各項內外在的挑戰，以免因上該兩者的商數過低，韌性不足而滋生的病態傷害到組織的圖謀發展。至於組織所要事先預防的病態可由六種解析。

1. 組織侏儒症

　　組織之主事者由於害怕被人取代，或威脅到自身地位的穩固，同時又未能在過往經驗中社會化可近智商及情緒韌性的基因，演化或深植連結共榮的理念，更未明「單則易折，眾則難摧」的道理，乃在僱用同仁之際，選擇比自己不如的對象，難由他或她發覺自身可資借鏡之處，無能彌補自身的不足。

　　領導者向來在視框的透視上有其侷限性，無法全局掌握組織所面對的問題情境，進行所謂的全局治理，本迫切需要注入不同視框的人才，透由極大化的同仁互動，進行視框反省與統合的工程，以建構較為兼顧的設想情況，安排對照無隙的解方。因之，

組織侏儒症在強固組織存在的正當性之當下，定要以二項發煌組織事功的基因，構築強大的防火牆，事先防止組織的感染。

2. 組織本位症

組織向來推動複雜的聯合行動，本要結合所有的同仁，集結共同的力量，致力於組織任務的成就，但上該二者的基因先天既未深植，後天若又缺乏薰陶，每易於擔任聯合行動之際，出現各自本位的現象，主事者既未扮演模造師的角色，適時適刻模造勇於參與、樂於投入的同仁；又未能在員工成就任務之際，展現深具貢獻的協助，使事情的運轉滋生事半功倍的效應；更在聯合行動滋生困境之際，適時展現協力的力量，化解各項難題。

組織本位症一旦出現，各單位的分裂乃是常態，本要以共同的步調推動組織的課題時，就會有的人出現急驚風的熱切，有的人則扮演慢郎中的角色，甚至有同床異夢的現象，未能將所有的力量匯聚一起，共同解決組織的任務。因之，執行的落差或脫軌現象就會經常出現，最終導致績效落差的窘境，危及組織的永續發展。

3. 組織疏離症

主事者既未能展現包容謙虛的情懷，也對員工的知識或見解並未產生好奇心，進而吸納進入自己的視框，進行互動性的交

流；更未展現彈性的風格，於不同的見解注入之際，更持續反芻性的考量，再產出較為各方所能接受的套案，以免在執行階段引發抵制不服的現象，影響最終的執行績效。

員工對組織的疏離，每會影響到組織的能力，降低對應內外在挑戰的毅力及資源。尤有甚者，員工在組織內既未能得到授權賦能的機會，恐會因功效意識感的低落，缺乏對組織的向心力，一來扮演意識移民的角色，二來實際採取「用腳投票」的舉措，致使組織流失寶貴的人力資源，未能做好人力資本的投資與管理，導致有效做事的經驗，建構方案的知識，人際交往的技巧，形塑認知、績效與態度的價值也跟著流失（Lengnick-Hall & Lengnick-Hall, 2003）。

4. 組織對立症

主事者既然存有限制或盲點，等待與他人互動的過程，經由誠摯的對話加以發覺，進而加以扭轉，以免組織績效受到衝擊。不過，由於缺乏互納不同觀念的素養，難免會造成衝突對立的情勢，產生質地不佳的決定，浪費組織時間，增加完成任務成本，流失潛力員工，進行不必要的重構，滋生破壞損害情勢，降低工作士氣，增加保健成本（Dana, 2001）。

組織不論在員工之間，抑或部門之間發生衝突對立的病症，

其乃增加要解決的問題，排擠主要課題的投入與耕耘，所以組織主事者要預防衝突對立的發生，適時處置已產生的對立，不致影響往後員工或部門的行動動能。當然，主事者若能強化可近智商及情緒韌性，事先杜絕對立的醞釀，培塑員工與各部門願意以同一步調的方式進行課題的推動，就不受對立的威脅，抑或發生對立的後遺症。

5. 組織自閉症

可近智商及情緒韌性如在組織內無由培塑，組織主事者可能罹患自閉症，在無他人提出不同看法之際，不覺組織內外在環境的動態演化，而一直維持慣性的對應之道，促使組織逐步未能鑲嵌環境，而漸進枯竭運轉資源，進入生命週期的末期，流失維持組織生存所倚賴的顧客。

再者，在兩造相互自閉之下，有時在突然之間做出破壞組織有效運營的事情，有賴他人收拾善後事宜。這種隨時讓組織混亂的情勢，既浪費回復正軌運行的時間，又消耗組織有限的資源，也無法回應組織外在顧客的需求。再者，組織在自閉的氛圍下，無法展現常態的組織行為，共營連結共榮的事工，反而流露出至為無情的行為（Scott, 1992）。

6. 組織一元症

由於主事者不易親近，又時常展露自我為中心的霸權，並不鼓勵員工提出不同的觀點，進而創造彼此可相互學習的工作氣氛，於是在無人扮演烏鴉角色時，未能及時關切選擇方案的危險及警告，俾能一則在抉擇之前就事先預防，二則在抉擇之後，隨時關注執行的進度，遇有徵狀就採取對策加以克服。

何況，權力一元化的組織，每難逃決策的迷失，找不到周全的方案，設定蜃樓的目標，不顧潛在的風險，單思一種方案而不再研議原先因情境不對而排斥的方案，偏擇主事者偏好的資訊，以固定的視框來篩選所蒐集資訊，以及未能準備備案以應臨時急需，主事者極可能將組織帶向失靈之境（Janis, 1982）。

再者，在一元化的組織裡，由於烏鴉的闕如，主事者的抉擇基礎可能立基於誤算的假定，抑或一廂情願的天真想法，妥當性不夠厚實的立論理由，進而導致一項完全的決策失敗，造成組織形象的受損，組織的品牌由資產轉向負債，無法再吸引外在支持者以及內在顧客，進而失去與其他組織較勁的能力。

組織病態對組織的健全發展並無助益，所以主事者最好事先預防，並由自身的操練做起，不斷深化自身的視野，聚焦組織內各項能源，發展韌性及耐力，並以客觀的態度認清實際狀況，建

構名副其實的學習型組織，從同仁密集的互動中導出良策，消除每造的盲點，凝聚化解複雜行動的力量（Senge, 2006），達及組織執行力的頂峰。

📖 結　論

可近智商及情緒韌性乃是組織人迫切要養塑的特質，更是預防組織病態的良方，排除阻礙組織績效勝出的基因，得以讓組織所要爲之事順利付諸執行的動力，約束同仁齊心協力成事的紀律。經由上述三個向度的解剖，在知識上吾人或可得到六項啓蒙。

1. 協力產出優勢

組織的人力資源，抑或有形或無形的結構，如若各自爲政，欠缺凝聚素質，就不易警覺到外在變遷到來的壓力，而預先進行資源的重新配置、人力資本的再訓練、運營技術的更新、結盟對象的更替，以致衝擊支撐高績效產出的支柱。

2. 誠信養塑向心

主事者待人以誠，虛心接納同仁有價值的想法，適時接濟他們的需要，進而養塑員工的信任，願意積極參與投入組織的運轉，不易輕言離轉職，帶走組織珍惜的知識，有礙組織的延續，

傷及組織的競爭力。

3. 窘境破除有道

以單面思維作為組織抉擇的基礎，由於主事者關注的片面性，可能疏忽各層面之間的連結性，易導致組織失靈的風險。然而，在可近智商的發酵之下，不同見解的注入，激起深刻的反思，並由互動交流的過程中，排除致命的罩門，免掉組織深陷績效落差的泥沼。

4. 韌性迎納學習

主事者展現真切誠摯、認清自己、自制克己及行事謙恭的修練，乃建構了學習的機會窗，不致故步自封、作為惰性，而感受學習的緊要性，適時進行學習之旅，理出組織內部調適與外部適應的對策，充分展現組織作為投射而出的歷史及環境感知。

5. 預防重於治療

組織的內外在環境向來存有各項病毒，伺機侵染組織，使其不易運行在正軌之上，是以學習型的組織，要事先施打預防針，以防止前述六大病症找到滋長的溫床，破壞組織前瞻、後顧與內省的能力，而毀損高績效產出的支柱。蓋一旦病症發生，就要負擔高昂的成本來挽回業已劣質化的組織文化。

6. 病態窒息組織

組織一旦染上前述所提各項病態,組織的健康就受到影響,不僅情境警覺能力降低,思維的靈敏度受到影響,策略的調適力未能對應環境變遷,而且各項行動之間的有效銜接亦出現巨幅的間隙,無法相互接應互補,可能窒息組織的運營。

職是之故,為使組織的運轉順暢,所有的組織人要體認可近智商及情緒韌性的功能性,展開不斷地社會化及再社會化工程,使相關人員習得二項特質,進而開創以成就為導向的組織文化,浸淫連結共榮的道理,破壞各項病毒的入侵,維護組織的強健性、運作的靈活性、推動的合作性、知識的互補性及效益的分享性。

參考書目

Barton, L. (2008). *Crisis Leadership Now*. NY: McGraw-Hill.

Bossidy, L. & R. Charan (2002). *Execution*. NY: Crown Business.

Cook, M. J. (1999). *Effective Coaching*. NY: McGraw-Hill.

Dana, D. (2001). *Conflict Resolution*. NY: McGraw-Hill.

Janis, I. L. (1982). *Groupthink*. Boston: Houghton Mifflin Co.

Lengnick-Hall, M. L. & C. A. Lengnick-Hall (2003). *Human Resource Management in the Knowledge Economy*. San Francisco:

Berrett-Koehler.

Lipman-Bluman, J. (2000). *Connective Leadership*. Oxford: Oxford Univ. Press.

Mitroff, I. I. & Anagnos (2001). *Managing Crisis Before They Happen*. NY: AMACOM.

Murphy, E. C. (2007). *Talent IQ*. Avon, MA.: Platinum Press.

Pfeffer, J. & R. I. Sutton (2000). *The Knowing-Doing Gap*. Boston, MA.: Harvard Business School Press.

Pfeffer, J. & R. I. Sutton (2006). *Hard Facts, Dangerous Half-Truths & Total Nonsense*. Boston, MA.: Harvard Business School Press.

Scott, W. R. (1992). *Organizations*. Englewood Cliffs, NJ: Prentice Hall.

Senge, P. M. (2006). *The Fifth Discipline*. NY: Doubleday.

Starling, G. (2008). *Managing the Public Sector*. Boston, MA: Thomson Wadsworth.

Terry, R. W. (1993). *Authentic Leadership*. San Francisco: Jorsey-Bass.

Pawson, P. (2006). *Evidence- based Policy*. Thousand Oaks: Sage.

第七章

價值領導與價值追求

　　政黨輪替對台灣的公共組織帶來重大的不連續現象，因而在組織員工形成適應不良的情勢，政務官與事務官之間的協力，形塑合超效應的情景，亦未能平順地找到可資依循的路徑，進而遵循事先研擬妥適的策略圖案，成功地索驥而成。追究其因，可能是組織面對政黨輪替的情勢，未能適時建立組織持續有效運作的規範，設定想望追求的價值取向，致使員工在欠缺凝聚社會及人際互動的標竿下，而滋生「愛諾迷」（anomie）的不良現象。他或她未能感受到工作的安全感、組織生活的社群感、推動組織使命的方向感，導致組織競爭優勢的漸進流失，組織競爭力的停滯。

　　這種價值方向感的不明，組織能力的停滯，乃成為職司者所

要衷心關切的課題，畢竟政黨的永續執政已成爲不可能的任務，公務人員更應以平常心來面對政黨輪替的政治不連續現象。不過，爲了避免組織員工因政黨輪替所帶來的不適應症，造成組織運作的次佳化，公共組織或可嘗試以價值領導來化解員工失去活力的病症，使心靈有所寄託，提供可資信任而持續展現能力的理由，轉換對組織疏離、孤立及懷疑的意識。這種領導具備哪些屬性？推動本項領導的焦點，可資落實的工具爲何，以及如何對部屬進行有效的引領，以及領導者在催化本項領導所要養塑的特質，以及這項領導所要追求的多元公共價值，以支撐其持續運行的正當性，乃成爲吾人關切的標的，必須對之論述的議題，以爲實務界落實的基礎。

一、特性

公共組織的設立均有其支撐的理由，追求的目標，要推動的願景，職司者並以理由、目標與願景作爲督促員工的動力，希冀以之啓動組織所擁有的能量，循序漸進地加以實現，進而盡到代理人對被代理人忠誠服務的境界。換言之，組織之領導者每要設定一定期限內所要追求的價值，提供員工必須致力的方向，驅動行動落實的標竿，而完成組織成立所要追求的重大使命。這是時下一般所稱的以價值爲根據的領導（values-based leadership）

（Kuczmarski & Kuczmarski, 1995），簡稱爲價值領導。然而，對於這項領導的認識，首先可由它的六大屬性切入，而領會其中的內蘊。

1. 以溝通凝聚共識

公共組織在一定期限內所要推動的價值，比如效能、正義或正當性，在民主治理的時代，本要揚棄由上而下的加諸方式，改由溝通協調的作爲，經由協商共治的過程，形成共同的價值，才能凝聚追求的共識，並以彼此協力的方式，運用組織的各項資源，創造出極大化的成果，並讓所有參與者形塑功效意識感，深覺自己對組織的運作，具有一定的影響力，深信組織對其見解一定會有所回應，甚至將其見解融入最終追求的組織價值行列中。蓋由上加諸的價值設定方式，每在員工失去參與的情況而作成的決定，往往會失去員工對價值的向心力，而於追求的過程中，出現疏離或漠不關心的態度，終至未能竭盡全力將價值加以貫徹，導致出現價值落差的情勢，無法對被代理人交出受到高度肯認的成果。

2. 以價值設定方向

公共組織由於肩負被代理人的付託，又因組織所面對的內外在環境一直處在變遷的動態之下，乃必須不斷的演化，以強健自

身的競爭力，鞏固自己的生存利基，所以不能失去對應付託及環境變遷的方向。而妥適對應之道，乃針對兩者設定追求的價值，確定不同時段所要依循的目標路徑，鼓舞員工從知識管理中，找到成就目標的策略，同時形構關係資本厚實的團隊，以協力夥伴的模式，適時適刻加以成就既定價值的追求。

尤有甚者，組織為了避免陷入愛諾迷的窘境，致使員工的工作士氣低落，欠缺對組織的歸屬感，失去對專業的熱誠，不願對組織的發展提出促進的主張，每要由價值的建構與目標的設定，進行員工奮進方向的引導，藉以集合團隊之力加以完成，而感受自我成就的滋味。換言之，組織的員工不能迷失於官樣文章之中，而要由共同追求的價值來引領各項必要的行事方針，掌握組織的行事方向，不致於中途產生脫軌的情形。

3. 以價值引領行動

組織價值的實現，一定要經由化抽象為行動的過程，經由人力資本的集結、財政資源的付出、知識資源的應用、關係資源的運用，一舉將其具體化，才不致使價值一直停留在組織言說的階段，得而進入起而行的歷程，化解知行不一的窘境。蓋公共組織有了追求的價值可資憑依，再經由領導者的驅動或引領，組織員工的審慎思辨，乃能快速部署實現價值的行動。

　　比如行政院農委會試圖再現農村多元新風貌，吸引年輕生力軍加入農業發展的行列，就極力推動「漂鳥計畫」，希望號召目前仍漂泊不定的青年，藉由農業體驗，找到自己的方向，進而成為農業的生力軍。該會在各個年度裡，已著手規劃「農地銀行」、籌組漂鳥連線、推薦漂鳥出國見習，提供足夠資源，讓漂鳥留在農業等一連串的行動。

4. 以價值重獲向心

　　員工對組織的作為，如若欠缺向心力，則投入高度的努力，盡力與人協調合作，提出創新的運作作為，恐就失去那一份驅動的動能。蓋組織在欠缺明顯追求的價值，抑或提升績效的願景，擬定誘人的嶄新計畫，每會失去奮力的標竿，而將自己迷失於日常的作業之中，流落於紙上作業的境況。

　　因之，領導者為了組織的強健，永續維持高度的競爭力，必須設定一些追求的標竿，針對內外在環境的演化，認定出維持組織生存空間所必須要的組織轉型，進而集結人力資本、知識資本及關係資本，進行標竿的突破，轉型的達至，而將組織的員工經由價值的追求作為，找到施力點，抑或展現專才的機會，不致在組織之內失去方向而感到疏離的情勢。

5. 以價值提高滿足

員工在組織運營的過程中，若能滿足各層次的需求，則工作的動機增強，對組織的認同穩固。這樣一來，員工的公民意識滋生，不時關切組織所要面對的問題，想方設法集結各項解決問題所需要的資源，組構核心行動的任務編組，集結組織的力量將問題加以攻克，鞏固組際之間的競爭。

不過，這種員工工作滿足感的提升，組織績效的展現，生產力的再造，每每有賴於組織的領導者，精心設計策略圖案，分別描繪各追求層面的內涵，所要採取行動的面向，須關注的標的，而指定不同員工來職司，以創造出組織冀盼的成果（Kaplan & Norton, 2004）。換言之，組織要有清晰的策略圖案，引領員工行動的方向，該協力功克的標的，俾讓員工所擁有的無形資產，轉化成有形的結果，進而感受到自我的價值所在，而滋生高度的工作滿足感，願意留下來為組織效命，為組織發展賣力。

6. 以價值活化組織

組織的領導者獨自，或與被領導者共同設定一定期間內所要追求的價值，每有助於提供員工對未來的盼望，對於將來擁有一個積極正面的期待，而試圖結合組織的人力、財力、知識資本加以完成，以滿足原先充滿厚望的期待。這樣一來，組織由於前進

的路徑顯明，努力的標竿設定，因而找到渴望與期待的目標，確信及倚賴成事的對象，讓整個組織活動起來，並鋪設追求價值的各類專案，分配職司的人員進行有效的專案管理，致使找到活化的生機。

組織員工在凡事有了盼望，而有了中心追求的旨趣，並於實現盼望的過程中，經歷多元不同的經驗，參與實現套案的設計，連結分散於組織內外的資源，形構策略性夥伴關係，共同針對追求價值的實現而賣力。這樣一來，不但員工個人獲得成長的機會，享受歷練的喜樂，而且組織也能利用各項配套的專案管理，盡力完成組織所追求的價值，提升組織的聲望，並將組織可能面臨的聲望風險降到最低。蓋組織每可透由價值的成就，專案管理的成功，積累崇高的聲望，吸引認同而質優的新血加入，持續追求因應時境演化而出現的嶄新任務。

歸結言之，任何組織每要有追求的目標或價值，以引領員工展能充權的機會，進而養塑對組織的認同感，願意留下來與組織共同打拼，不致見異思遷而游離於各類組織之中，成為蝴蝶式的組織人。換言之，組織要運用盼望提供員工對未來的期待，使其心神有所寄託，成長有所倚靠，歷練有了場域，學習有了平台，滿足有了依據，貢獻找到依附。

不過，為了價值順勢找到實現的機會，在安排實現的結構

上，領導者要扮演建築師的角色，有效設計與搭建成事的結構團隊；在人力資源管理上，領導者要扮演員工能力催化的角色，使其得能於實現價值的每個環節，找到實質貢獻的窗口；在組織政治的運營上，領導者要扮演協商的角色，調解與融合多元不同的價值追求主張，俾能凝聚共識，共同協力完成價值的追求，贏得跟隨者對組織的認同；在員工心靈上，領導者要扮演思維啟發、知識或經驗啟蒙的角色，使被領導者心存對未來的盼望，願意在心智成長過程中接受考驗，忍耐完成價值過程中的煎熬（Bolman & Deal, 2003）。

二、營為

M. R. Fairholm（2004）在〈領導實踐的不同透視〉一文指出，價值領導的落實要關注推動的焦點，具體描述執行的方針；要設計執行所需的工具，以及展現對應的行為；要探究引領跟隨者的途徑，以激勵或引領他或她邁向價值實現的境界。吾人首先論述推動價值領導的焦點。

1. 焦點

價值領導本是領導者以價值來驅動員工，對價值的成就作出有力的貢獻，並集結各個員工的實際作為，共同協力邁向領導的終極目標，將組織的任務、使命及願景，透過具體的行動，從事

創造性的轉化工程，產出實現價值的組織動能，活化整體組織的互動，協力導向組織的盼望。而這項推動的焦點，可由下列四個面向耕耘或造就之。

(1) 建立共同價值

組織領導者的首要任務在於：以溝通的方式，即讓被領導者擁有充分而切實的參與權利與機會，並於各自發抒所見時，相互吸納他人富建設性的視野及觀念，形塑眾意僉同的共識，建立組織致力追求的價值，抑或大眾同意的目標。換言之，組織任務的職司者，要將組織追求的價值以清晰、簡明扼要的文字加以說明，並將價值的內容與員工進行開誠布公的溝通，促成員工與價值緊密結合，進而致力於價值之實現。

(2) 養塑積極習性

以溝通達成共識的價值，抑或彼此意見一致的目標設定後，領導者就要進行員工的轉型工程，改掉消極被動的行事風格，養塑前瞻積極的做事原則，做好準備實現價值的工作。是以，組織要提供員工能力建立的平台或場域，一則體認落實價值的責任，二則學習承擔責任履踐的器度，三則熟習協力的重要性，祛除個人主義與本位主義的狹隘觀念。

(3) 鼓舞績效成就

組織設定目標的成就，每要仰賴高度的組織績效來完成。而組織績效的展現，要由三方面努力之：一為養塑推動績效的意願（willingness to perform），即應用多元不同的激勵因素，抑或施用紅蘿蔔的原則，對員工的表現予以公開適時的肯認，以引發他或她對組織的投入，展現內在的才華，加速組織績效的達成；二為培塑產出績效的能力（capacity to perform），即組織個人的知識及人際關係能力，工作態度及人格特質，每會影響績效產出的幅度，因此組織的主事者，有必要利用職前及在職訓練加以培塑，並用之成就組織的事功；三為提供產出績效的機會（opportunity to perform），即組織供應各項人力、物力及財力的支持，致使價值實現的任務全無後顧之憂，並在資源充沛、心理激勵的情境下，鋪陳績效產出的路徑（Gostick & Elton, 2007; Schermerhorn, Hunt & Osborn, 1991）。

(4) 倡導自行領導

組織在追求的價值設定之後，希望員工將組織價值內化為自我成就的價值，並以自尊、自重、自立、自強、自動自發與積極奮發的精神，來完成價值實現的使命。這樣的作為旨在掃除集權控制所滋生的弊害，因外控而導致的疏離，進而以結果來論評，不太在乎過程的如何運作，只要能殊途同歸，就受到組織的肯

定。

　　推動價值的四大焦點為：建立共同的價值，成為組織員工協力追求的標竿；養塑積極習性，消除被動的行動觀，培植權變因應內外在環境變化的作風，不再維持過往消極惰性的運作模式；鼓舞績效成就，並於意願、能力及機會三大面向上，研擬成就績效的必要和充分條件；倡導自行領導，領導者不可隨意介入價值實現的過程，而以結果的成就程度及品質，作為責任訴追的依據。

2. 工具

　　價值領導者著重以組織的共同價值，抑或經由同仁協商過程所同意的目標，作為推動領導的根據，驅動跟隨者展現對應價值追求，或目標成就的行動，以完成組織的使命。不過，共同價值或目標的建立與實現，每要求組織工具來執行之。至於這類工具可由四個類別來運用。

　　(1) 知悉成員價值

　　共同價值的促成，每在瞭解員工個人的目標追求後，再將其融入組織致力追求的共業內，才能取得共同配合而將之加以生產的動能。蓋員工在推動組織的使命時，如體認到這項推動，旨在完成雙方的盼望，而非只在追求組織的單獨目標，其可能

因而活化起來。因之,深具創意的領導者要敏感到這項動態的過程,因為員工的需求和要求,如受到承認且加以符應,則他或她更有意願擔任更多或更高的個人和集體責任(Kuczmarski & Kuczmarski, 1995)。

(2) 屬行民主參與

組織在建構共同的價值過程,不能展現霸權心態,全以由上而下加諸追求價值的方式,迫使員工的推動,因為這樣一來員工欠缺參與心、投入情與權能感,當然責任識不易形塑,追根究柢(inquisitiveness)的毅力難以產出,導致價值實現的幅度,只能達及欠佳化,存有罅隙而待加以彌縫(Black & Gregersen, 2004)。是以,在建構共同價值之際,要以民主的方式,吸納員工的理性見解,配合組織能力,進而取得員工對價值的認同,盡力扮演共同生產的角色。

(3) 引發員工共鳴

組織共同價值的實現,領導者在推動的過程中,要時時對員工展現溫暖的關懷,提供振奮人心的盼望,嘉許初步的成就,流露支持的熱情,以激勵員工推動價值的士氣,進而創造令人激賞的成果,強化員工對組織的承諾感及向心力。換言之,主事者要將員工視為組織重要的資產,透過周詳的關懷、可欲的盼望及

熱情的招手，引發他或她對推動價值成就的共鳴，展現高度的推動意願，積極的行動作為，而創造出質優的成果（Boyatzis & Mckee, 2005 ）。

(4) 表明實現之道

領導者除了清晰表達所要追求的價值外，還要說服跟隨者，證明該項價值的追求深具可行性，繪妥達成的策略圖案，建構與共同價值連結的主題任務，並以主題任務來提示參與執行的團隊，所要特別關注的議題及行動議程，以免浪費組織有限的能源。換言之，組織所欲追求的價值，不能只停留在想像階段，反而必須鎖住核心主題，研擬實現主題的策略，籌集必備的資源，組構協力的團隊，設計行動的套案，逐步加以落實而成就已定的共同價值（Yukl, 2006 ）。

推動價值領導的四大工具為：知悉成員價值，俾能建立組織與員工共同盼望追求的標的，促成共同生產的根基；厲行民主參與，以防員工對加諸價值的疏離，不願投入追根究柢的心力、智力及精力；引發員工共鳴，進而感受推動價值的意義性及迫切性，產生情緒韌性，並願將價值付諸實現；表明實現之道，增強員工對價值的順服，不致因為懷疑價值的海市蜃樓性，而流露出消極被動的投入態度，且扮演極為勉強的合夥人。

3. 引領

組織想望推動的價值，每每必須由領導者與跟隨者共同協力來成就之，尤其是後者總站在第一線，扮演落實的任務，應用組織所提供的政策工具，將完成價值任務所要扮演的角色，所要承擔的作為，所要建立的關係，所要接軌聯繫的業務，所要配置的資本，所要組構的團隊，一一加以準備及實現。因之，領導者如何成功引領追隨者，而使兩造形塑策略性夥伴關係，就成為另一個值得關注的焦點。至於引領的核心作為，可由四個舉措致力之。

(1) 設定優先順序

領導者首先將組織擬定要追求的價值，依其先後緩急及重要性，設定完成的期限，以及推動的先後順序，致使追隨者有了完成實現任務的方向感，線性規劃的行事圖，並按圖一一加以落實。換言之，領導者應兼具方向舵、駕駛盤和停泊港的角色，必須向跟隨者說明前進的方向和追求價值所要的作為，進而引領他或她行事有向、作業有譜、行動有本。

(2) 屬行雙向溝通

組織成就價值的事工，本是一項互動管理的過程，不能出現一方的見解主導整個溝通的過程，而是雙方雙向平等的意見

交流，接納他人富建設性、遠景性及可踐性的想法，反省並改變自己相對上較為僵固的思維，才能引領他人進行同類的改變（Romig, 2001）。蓋第一線的實作人員，每會依據情境的演化，作出權變性的因應行為，領導者在得知他或她的通告後，應適度尊重其自主裁量權，使其產生自我功效意識感，增強對成就價值的投入情，與承擔責任的意識。

(3) 養塑員工能力

組織在成就價值的過程中，員工需要展現多元不同的能力，比如知識管理，促使組織決策所依據的知識，得能快速搜尋，進而啟發創新的作為；如團隊組構，因而促成多元協力而產出的合超效應；如快速部署，一旦成就價值的任務下達，就能找到針對任務的合適才華，並將其安排在正確的職場，得能於適當時間做出必要的行為，且作出符應需要的行為；如跨域管理，克服組際聯合行動所可能滋生的各項複雜性障礙，進而得以有效協力的方式完成價值實現的工程，創造協力的優勢；如衝突管理，將破壞性的衝突轉型成建設性的衝突，引領組織進行無痛性變革，用以推動價值領導的工程。

(4) 以身作則示範

俗云：身教重於言教，如領導者在平日與員工互動的過程中，樹立工作行為的典範，凡事熱誠參與，展現出創意，應用柔

性的權力（Nye, 2008），摒除集權命令的作風，消弭自見、自是、自伐及自矜的作為，引發對員工的風行草偃效應，影響部屬對實現價值的投入，理會領導者的精神感召，服膺領導者的風範，而展現出同類型的工作行為。尤其在價值追求的過程中，遇到一些非傳統性、爭議性較大、風險性又高的任務，領導者率先採取必要行動，坐鎮指揮突發性的事宜，解決一些事先未料到的行為，化解一些不利的情境，進而引領員工的角色模仿或學習。換言之，領導者要以自己的實際行動作為員工學習的示範，發揮出比言談更富影響的力量。

　　歸結言之，引領價值領導的作為為：設定優先順序，致使找到方向感及行事圖；力行雙向溝通，以協商異見及講究一致步調；養塑員工能力，使其克服與化解價值追求的難題，不致在過程中成為推動的掣肘；以身作則，重視身教，成為員工學習的標竿，誠願表現出對應的行為，縮短價值成就的期程，減輕價值成就的成本，增加價值成就的效益。

　　價值領導的營為可以圖7.1表示，其中焦點、工具與引領不能脫勾，而要彼此連鎖，並以協力的方式，共同推動這項領導的事工。換言之，兩造力量的合一，相互的尊重，相互的學習，異見的協商，彼此互為典型，相互指導及共同參與，方能將價值領導導航進成功的彼岸。

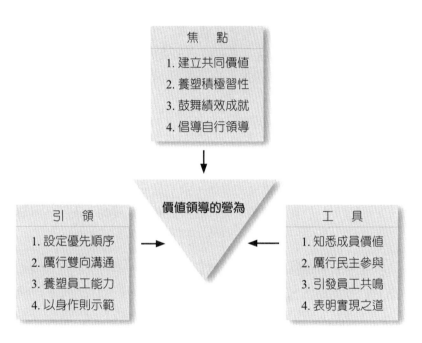

圖7.1：價值領導的營為

三、特質

領導者在推動這項領導時，由於要與跟隨者建立有效的互動關係，共同合作落實相互盼望的價值，這項推動本是一項艱鉅的運作工程，要經營、運籌及執行前述的各項營為，而滋生營為的一項吾人不可忽視的前提，乃在於領導者要養塑一些支撐的特

質，並由這些特質發揮觸媒或催化的作用，造就組織價值的實現。至於哪些特質足以支撐運轉這項領導的軌道呢？綜合Deep（1978）與Kuczmarski和Kuczmarski（1995）的觀點，吾人可歸納為六項：

1. 抱持同理情懷

領導者要養塑這項能力，即站在他人的立場，排除自我本位的考量，瞭解員工對情境的看法，致力追求的想望，正面欣賞員工的倡導，並於實現價值之後，給予對應的紅蘿蔔，滿足其各層次的需求，進而形塑出對組織的認同，願意為組織效力。

領導者更應體認自己在成就價值工程上，本身有一定程度的外控性或他賴性，需要憑依部屬的付出、潛能的展現、心智的應用，才能航向價值實現的目的港。其如對部屬的意見、好惡及期望不加尊重，則在航程上可能會發現，他或她扮演心不甘、情不願的合夥人，以致未能極大化組織追求的價值。是以，深刻體認員工的需求，應用妥當的紅蘿蔔，而將員工引入價值追求的旅程，提供施展才華的機會，終究加速績效的達成。

2. 積極傾聽異見

在邁向價值追求的境界，每會有不同的途徑由職司人員提出，領導者要有傾聽的雅量，綜合研判每個途徑的優勢、劣勢、

機會和威脅，再提出套案，以收相對上較佳的價值追求績效。

所謂積極性的傾聽，乃領導者展開開誠布公的情懷，接納部屬的心聲、訴求或倡導；尊重不同意見的提出，及提出之後的相互激盪，相互吸納；反省自己思維的可能偏差，並適時調整自己的視框，而以較為全局兼顧的方式，推動價值實現的領航。這樣一來，領導者或可聽到在組織內被忽略的聲音，並從雙向溝通上理出員工的想望，深度理解實現價值旅程所要面對的複雜情境，有助於推導出更富想像力的對應途徑。

3. 樂觀積極進取

樂觀本具感染性，如領導者自信有能力可以克服價值實現所出現的問題，部屬恐會發出同樣的感受，信任領導者所為的一切判斷，而持續踏上價值追求的旅途，不因些許的障礙就中斷價值的追求。

積極進取才會臨事不懼，而採取想方設法的決心，試圖釐清問題的原委，並以對策加以攻克。而在內外在情境引發變遷之際，領導者也會將事先備妥的方案提出，以因應新的環境演化，化解新情勢可能帶來的不確定性。反之，消極退怯恐會遲延價值追求的期程，而影響到組織競爭力的強化，組織生存利基的窄化。

4. 信守承諾應許

領導者為了敦促價值的成就，每事先許下一些有形或無形的回饋承諾或應許，上該兩者乃誘引員工投入價值追求的動力。因之，在價值追求略有成果之時，就即時對他或她給予獎勵，並於最終成就之際，對之大加鼓勵，使其永續維持追求突破的情懷。

輕言諾、忽應許的領導者，很可能較難與員工建立信任的人際關係，積累或築造豐厚的社會資本，本於眾志成城的態勢成就組織的任務。蓋領導者一旦未能信守自己與員工所簽下的承諾，則在動員員工應付價值追求的動力就會匱乏，無法引領他或她無私地投入。

5. 確認自己不足

領導者不可能具備全方位的才能，一定有自己的脆弱處，抑或罩門的所在，亟需他人的協助來彌補這項不足，所以要虛心求教，匯集眾人的智慧，擬定實現價值的處方，並盡全力加以落實之。

正由於領導者本有不足的情勢，所以為了成就組織的使命，不可固執自己主觀的成見，願意接受或吸收他人的不同見解，才能更明白使命如何有效推動的道理。千萬不可認為自己一定都對，絕對沒錯，而不理會他人富建設性的見解，蓋如斯就不能開

彰完成追求價值的大業。換言之，領導者沒有自見、自是的權
利，而要有承認自己不足的勇氣，勇於接納別人獻替的雅量。

6. 客觀理性民主

推動價值領導者，在作成組織的大小決策時，要對事而不對
人，絕不能感情用事，以引發部屬的不滿；再者，在採取必要行
動以完成價值的追求時，本應遵照邏輯的推理與經驗的印證，不
可但憑個人的直覺，抑或情緒考量的結果；三者在決策過程上，
全以民主的方式進行，在不同意見表述與相互吸納之後，將可資
考慮的方案，通過評估標準的檢驗，再定奪哪一個方案，抑或哪
些方案的組合，較能完成價值追求的事工。

這三項屬性的要求，中心旨趣在於防止領導者在決策上可能
陷入的六大偏誤：一為時機偏誤，即在不當時機推出組織要做的
事；二為空間偏誤，即在不宜的地點，推展組織的業務；三為文
化偏誤，即以偏差的文化視框，篩選迫切要解決的問題，抑或特
別重視特殊族群的問題；四為認知偏誤，即以不當的認知視框，
建構問題的內涵，滋生的原因，牽涉到的標的對象，進而抉擇無
法對症下藥的方案；五為目標偏誤，即追求非可欲性、嚮往性、
務實性、聚焦性、彈性化、溝通性及簡明性的目標；六為行動偏
誤，即在未確實評估多元不同方案的後果之前，就選擇組織的作
為或不作為（Bovens & 'i Hare, 1996）。

　　價值領導要在前述六大特質的配合下，才能找到發揮正面效應的利基，足可找到催促組織行動的焦點；設計或安排對應焦點的工具，抑或展現妥適的組織行為；引領員工，按照追求價值的先後順序，集結必要的資源，一舉加以實現。最後，領導者要靈活運用紅蘿蔔的原則，提升組織的生產力，鞏固員工的向心力，留下才華出眾的人力資本，進行核心知識的傳承，而且增強內外顧客的滿足感，穩固組織的聲望及正當性。

四、追求

　　公共組織的主事者在社會化及發揮同理情懷、傾聽異見、樂觀進取、信守許諾、客觀理性及謙卑自制等六大特質，再進行各項營為以落實價值領導的精華，一來關注推動的焦點，二來運用執行的工具展現必要的行為，三來引領跟隨者共同協力來成就組織想望的價值。至於公共組織所要追求的公共價值為何，此處要由公共組織對社會的貢獻，以及其對服務對象的述職兩個向度進行論述，建構出兩個向度所涵蓋的價值範圍。

1. 社會貢獻

　　公部門熱切推動價值領導，在社會貢獻上所試圖追求的價值，據Bozeman（2007）與Jorgensen 和 Bozeman（2007）的研究發現，大體上可歸為四類：

(1) 共善

公共組織在自己所屬的政策轄區，負責規劃與執行的政策，姑不論是分配性、再分配性、管制性和自律性，其首要的核心價值，乃是著重於公共利益的追求，並不特別為特殊利益團體服務，抑或專門照顧某一階級或團體。換言之，公共組織要將其服務的社會，視為一個整體，平等地追求每一個人福祉和利益，以免引起其他人的不平或抗議。

公共組織之所以在推動轄區所屬的政策，要講究公共利益，有一項重大的動力，即在追求社會的凝結，不因差別待遇，引起團體之間的不和或衝突，進而失去政策有效執行所要憑依的社會資本，既得不到相關團體的信任，又在團體之間形成至為勉強的行動合夥人，以致政策所要成就的目標，無法完全地實現。

(2) 利他

公共組織要展現利他主義的精神，職司各項公共事務的推展時，乃站在服務對象的利益來運轉，即承擔他或她的負擔，免去他們的恐懼，維護他們的利益、安全及尊嚴。換言之，公共組織不應只站在自己的立場來行事，而要對服務對象的尊嚴加以維護及重視，藉以展現人類的尊嚴，有助於共善的產出，及公益的完成。

公共組織如處處站在本位、自利的立場來行事，由於無法取得其他力量的協助，又欠缺不同觀點的注入，因而在執行的策略設計上，恐易生視框盲點，建構不夠健全的執行工具，以致有礙於政策的執行，無法徹底轉化抽象的政策內容成為具體的行動，滋生失去連結（missing link）的現象，造成原本要處置的問題依然存在，甚至因處方的延宕而將問題慢性化，需要長期花費可觀的政策成本，但始終無法根治問題的本源。

(3) 永續

公共組織在推動環境及能源資源的使用上，一定要注意永續的價值，關懷代間正義，傾聽未來世代的聲音，不能只顧當代人的享福或需要，而為後代子孫留下不適生存的環境，加諸龐大的債務負擔，用掉大量有限的資源。換言之，公共組織一定要想方設法留下乾淨的環境，以及豐盛的資源，以供未來世代使用，絕不能允許當代人任情的揮霍及破壞過去多年所創造的資源。

當代的代議制度似乎不能在國會殿堂上代表未來世代的聲音，是以吾人本要儘量設法找到平衡未來世代與當今世代需求的機制，以免過度偏袒當代人的享受。比如，氣候的非常態變遷，在在昭告人類過度破壞環境的原狀，如現在猶不能以具體的行動對應，未來恐帶來無情的社會損害。再者，公共組織在開發或使用資源之際，應知悉該項資源的可復性程度，而採取適宜的使用

速度。

(4) 穩定

公共組織的運作，乃在承擔各項分配指派的任務，攻克轄區內所出現的問題，滿足服務對象的需求，致使組織的體制建立威信，並能維持穩定，及誘發服務對象對體制的向心力。蓋公共組織一直代表人民行使公權力，獲得所有公共資源的支持，如在行使公權力之際，發生政治或行政貪腐的現象，則公共組織的形象一定受損嚴重，組織動員力亦連帶受到衝擊，每易出現政策空轉、體制失靈的情勢，造成社會不安或動盪，致使體制的尊嚴蕩然無存。

黨際之間的政治衝突，分立型政府的出現，往往造成行政與立法的嚴重對立，導致諸多重大議案無法完成合法化，甚至演變成政策空轉的窘境，進而延宕問題的解決，引發政治、社會的不穩定，國家經濟競爭力的衰退，未能盡到為主權述職的責任，每每致使公共組織進行治理的正當性流失，發生政治不連續的現象。

公共組織存在的正當性在於：治理期間應用價值領導的管理術，追求共善、利他、永續及穩定的價值，盡到對所屬社會有貢獻的角色。反之，公共組織如在業務的運營上，有所偏袒於某一

階級或團體；專注組織的權力版圖，並未發展所屬顧客的利益；過度使用不能再生的資源，也未慮及未來世代的心聲，促使社會的永續發展受阻；而在業務的運營上，又受到意識形態對立的影響，無法展開當前重大事務的治理，進而損及政經社文的發展，每每會損及正當性的根基。因之，公共組織本應隨時偵測內外環境的演化，推出因應的對策，做好正當性的取得、維護及修復的管理工程。

2. 服務對象

公共組織之能順利推動公共事務，並解決當前所面對的重大課題，往往要與其服務對象建立策略性夥伴關係，得到他或她真誠熱切的投入，方有助於職司任務的達成，進而爭取到被支持信任的回饋，持續經營甚至擴廣權力轄區。因之，其在業務推展的過程上，抑或與服務對象建立優質關係上，所致力要求的重要價值有四（Bozeman, 2007; Jorgensen & Bozeman, 2007）：

(1) 適法

公共組織的一切作為均要符應法律的規定，維護服務對象的法定權利，使其不致受到不合理的侵犯；同時在公務處置上，每一位對象均要以同等的地位加以對待，不得有偏袒的情勢，或出現程度不一的歧視行為。尤有甚者，公共組織的運作要立基於法

治的基礎上，任何政策方案的比較抉擇，要能遵循已經建立的規範及先例，不能但憑主事者既主觀又武斷的判斷，以防止方案選擇的偏差，導致政策失靈的窘境，引發服務對象的沈重負擔。

大凡公共組織的運營，均有一套可資依據的過程，「為使行政行為遵循公正、公開與民主的程序，確保依法行政之原則，以保障人民權益，提高行政效能，增進人民對行政之信賴」，更訂有行政程序法，以規範行政處分之作成、行政契約之締結、法規命令與行政規則之訂定、行政計畫之確定、行政指導之實施，及陳情之處理。因之，公共組織遵循各項法律規定以從事各類行政行為，為首要追求的價值。

(2) 正義

公共組織在進行權威性分配有限資源時要考量不同的情境，有時抱持每個人均分的正義原則，有時信守個人需要的正義原則，有時依據個人的貢獻度作為分配的原則。換言之，公共組織要基於全局性的考量，以及中庸穩健的作風，找到情境對應的分配基礎，而不能只過度地依附抽象的原則。

公共組織在提供諸多服務時，為求各項提供在高度科技化及資訊發達的時代達到平衡、合理與公平的境界，專業的講究就非常重要。蓋在這項價值的追求下，可以免除偏袒特殊服務對象的

政治壓力,而滋生不公不義的情勢。尤有甚者,專業的應用,也可以避免以直接民主試圖控制行政的力量,蓋在講求以證據為基礎的時代,多數決並不能反映出決策的信度與效度,以之作為抉擇的依據,可能無法掌握問題情境與配套方案之間的連結性,導致政策的失靈。是以,在高度科技的政策領域上,專業知識應成為決策的主導原則,致使政策的效能有了出現的路徑,進而滿足眾多的標的對象。

(3) 對話

公共組織除了履踐各項職司,提供人民所需的服務外,更要在與服務對象的互動過程上,讓他或她得能藉這個機會學習與發展自身的能力,脫離依賴人口的行列,養塑內控的性格,不再心存強烈宿命的觀點。因之,公共組織在有效運作的過程上要重視溝通理性,提供對話參與的機會,讓受其影響的對象,其所提出的見解,成為決定的一部分,才不致滋生疏離感,更願在執行上扮演忠誠的協力者,共同推動一起形成的政策。

在當今講究民主參與的時代,政策的回應性本是爭取人民支持的重要工具,所以公共組織不應再有政策霸權的取向,而要勇於承擔公民發展的責任,讓他或她涉入相關的服務事宜,養塑處事的能力,減輕對組織的依賴。蓋如若政策完全取決於公共組織的單獨視框,每因視框的全局關照度不足,而失去利益平衡的考

量，不易展現高度的回應性，反而不能吸引他或她的投入情，提升責任意識，共同承擔政策問題之解決。

(4) 使用者導向

在強調新公共管理的氛圍下，抑或重視民主化革新的歷史時刻，公民本是公共組織的顧客，所以公共組織的運作本要落實使用者導向的作風，亦即根據使用者或顧客的需求，作爲行事的指針，不宜只全然扮演公民代理人的角色，代位全盤決定公共管理的營爲。

這種以使用者爲導向的公共管理，主事者對使用者所提供的各項服務，在時間上並無拖延的藉口，一定要按時送達，以滿足他或她的需求。尤有甚者，主事者在對待使用者時，要充分展現熱切的友誼，不得流露一絲不耐煩的心態；同時公共組織所提供的各項服務，不僅具有可近性，而且在公民提出申請時，均能適時得到。

公共組織所要追求的價值不少，識者亦可由行政人員與政務人員的關係、行政人員與環境之間的關係、組織員工的行爲及利益，轉換成決策方面探究價值的範圍與類型（Bozeman, 2007; Jorgensen & Bozeman, 2007）。不過，前述兩方面的周詳關注，或可掌握重大價值追求梗概，要求組織成員在價值領導下，致力

於各項價值的追求。

　　各項價值之間，在本質上均有關聯，亦會有衝突的情勢，是以公共組織的主事者，定要做好價值衝突的管理，一則以中肯的立論理由來徵求同仁支持標的價值的追求；二則設定各項防衛機制，防止價值追求的過度傾斜；三則以階段循環的方式，追求互異的價值，進而驗證哪項追求較能致使服務對象的滿足，而在往後投入較多的資源追求斯項價值。民主化的革新本是新近公共組織所要重視的，因其比以公共組織為中心的革新擁有更多優勢，蓋由於使用者的思維介入，較有可能提供符應他或她需求的服務，設定對其方便的提供模式，提高功效意識感的功能。是以，公共組織的公共事務推廣本要逐步發展應用使用者導向，建構兩造的強健互動關係，彼此互補各自的不足。

　　公共組織更要仔細聆聽未來的聲音，不得將資源全部投入於當前問題的處置，而要關懷對未來世代的正義，不能過度使用不易再生的資源，是以永續的價值不得忽略，以使人類社會得以順勢演化，不會形成世代之間的衝突。

📖 結　論

　　公共組織的動力及心靈亟待活化，而價值領導乃規劃為成就

這項任務的主要策略，而其中心旨意在於設法袪除員工「愛諾迷」的感受，即一般所謂孤立、失望及無助，進而恢復員工的動能，重新找回對組織的歸屬感、承諾感，並與組織建立深厚的關心，願為組織的願景打拼。經由前面四個向度的分析，從中吾人或可得到六項知識的啟發：

1. 方向為舵

組織要設定一定期間內所要追求的價值，從中發展出可欲而令員工嚮往的目標，引導員工任務履踐的方向，才不會埋沒於日常常態性的繁雜工作中，失去未來的前途感，錯失內外環境在演化過程中所提供的機會與挑戰。

2. 民主為尚

組織在設定追求的價值，以及從事本項領導的三大項營為中，要服膺民主的程序，不可但憑武斷的方式，強力加諸員工所要追求的價值，所要進行的作為或不作為行為，而要建立各項可資參與的機制及平台，吸納他或她的見解，凝聚其功效意識，而願為共同決定之事克服諸多困境，奮力而為。

3. 兩造互輔

領導系絡中的兩造當事人，彼此本相互依賴，相互彌補各自的不足，是以兩者之間的協力、合作及信任，才能產出績效的

合超效應。反之，如若單方脅迫、片面說服、拒絕接受、抵觸立
場，就會崩毀合作，破損信任，導致價值追求的滅頂。因此，領
導者要認清自己的強項與弱點，再借重員工的長才來彌補自己之
短。

4. 營為匯聚

價值領導的三項營為：鎖定焦點、設計工具及引領落實，必
須要匯聚合流，不能各自流竄，以沖銷它的效應。換言之，三者
之間要相互連結，亦步亦趨地推動，方能重造員工的向心力、承
諾感，提升組織的績效及生產力，鞏固競爭的優勢。

5. 特質契合

價值領導的有效推動，領導者本要養塑民主的風格，才能引
領追隨者的信服，發出高度的意願，盡力展現才華完成已設定的
價值。因之，在推動本項領導之前，要事先準備契合的特質，以
免因特質的失調，讓無法滋生支撐的質素，導致它的大崩潰。

6. 面向關注

公共組織藉由價值領導所試圖追求的價值，其範圍至為廣
泛，主事者應由不同面向的劃分，再針對每一個面向所含涉的價
值類別，熟識其意義及重點，並在公共事務推展的過程上，適時
適刻地匯聚動能加以追求，以穩固公共組織運轉的正當性。

　　歸結言之，價值領導人要展現眞誠，勇敢地探索自己，以培養自我省察能力，並且知悉自己的不完美，必須借重他人的長才，主動尋求並傾聽別人的聲音，共同找到組織所要追求的願景，經由與被領導者的協力，完成追求價值的實現，讓所屬組織找到永續發展的場域與空間。

參考文獻

Black, J. S. & H. B. Gregersen (2003). *Leading Strategic Change.* Upper Saddle River, NJ: Prentice Hall.

Bolman, L. G. & T. E. Deal (2003). *Reframing Organizations.* San Francisco: Jossey-Bass.

Bovens, M. & P. 'i Hare (1996). *Understanding Policy Fiascoes.* New Brunswick: Transaction Publishers.

Boyatzis, R. & A. Mckee (2005). *Resonant Leadership.* Boston, MA.: Harvard Business School Press.

Bozeman, B. (2007). *Public Values and Public Interest: Counterbalancing Economic Individualism.* Washington, D.C.: Georgetown Univ. Press.

Deep, S. (1978). *Human Relations.* Encino, CA.: Glencoe Publishing Co.

Fairholm, M. R. (2004). "Different Perspectives on the Practice of Leadership," *Public Administration Review*, 64/5:577-590.

Gostick, A. & C. Elton (2007). *The Carrot Principle*. NY.: Free Press.

Jorgensen, T. B. & B. Bozeman (2007). "Public Values: An Inventory," *Administration & Society*, 39/3: 354-381.

Kaplan, R. S. & D. P. Norton (2004). *Strategy Maps*. Boston, MA.: Harvard Business School Press.

Kuczmarski, S. S. & T. D. Kuczmarski (1995). *Values-Based Leadership*. Englewood Cliffs, NJ.: Prentice Hall.

Nye, J. S. (2008). *The Powers to Lead*. Oxford: Oxford Univ. Press.

Roming, D. A. (2001). *Side by Side Leadership*. Austin: Bard Press.

Schermerhon, J. R., J. G. Hunt & R. N. Osborn (1991). *Managing Organizational Behavior*. NY: John Wiley & Sons.

Yukl, G. (2006). *Leadership in Organization*. Upple Saddle River, NJ: Pearson Prentice Hall.

第八章

應許管理

　　以形塑成就文化的組織，為了提升服務的品質，開創更多的顧客，以鞏固組織的生存空間；為了順應內外在環境的變遷，保持機警靈敏的能力，以強化競手的優勢，防止組織的失靈；為了築造足夠的關係資本，締結策略性伙伴關係，產出合超效應，以造就卓越的績效，吸引更多優質的人力資源，參與組織的各項營為，逐步邁向偉大的境界，不僅善盡組織的社會責任，又履行一些治理的任務，維持整體社會的穩定與發展。這些組織使命的達成，恐在於人力資本的吸納，進而透過不同機制的應用凝聚堅強的關係資本；生產出富競爭力的知識資本，提供為顧客青睞的產品及服務，建立組織的信譽與疆界；經營出豐碩的社會資本，引誘不同領域的組織，願意締結聯盟，共同推動更遠大的願景，致

能服務更多的人群。

　　不過，重大組織使命的成就，一定要在組織尋找得能編織協力行動的要素、基因或觸媒，致使個人本位主義並無空間滋生，員工對組織向心力可以聚焦，工作滿足感又能提升，認同組織所排定的目標優先順序，竭盡所能並與團隊共同發揮生產力，希冀於一定的期限內完成各項既定的專案計畫。換言之，組織之負責人，在在需要附驥攀鴻，以成就其所設定的願景。所謂附驥攀鴻就是攀龍附鳳之意，即組織能攀龍鱗，附鳳翼，就較能事事具備，以造就組織之事工。至於如何為之始能因人成事，晚進針對組織的本質，進行更深的透視而發現，組織原本是多元不同應許的動態網絡（Sull & Spinosa, 2007）。而這個動態網絡的有機運轉，在於主事者對應許進行有效的管理，破除本位主義的困境，咎責不易的事實，閉關自守的圖窮，認清獨木不足以成林、一燕不能成廈的道理。是以，認識應許的內涵，以為啓動管理的關鍵；洞穿哪些應許的特質，方能將其轉化為對組織貢獻的能量；掌握應許的重要性，發覺其對組織所能扮演的正面角色，進而產出動力以大轉型原本組織的管理樣態。上該三項議題乃構成吾人關切的重心，試圖由議題的探究，理出組織擺脫失靈而邁向成功的要素。

一、內涵

　　組織爲了使其徵幕的人力資本，在面對知識經濟的時代，得能推出組織適應演化所需要的知識，建立組織業務推展所必要的關係，快速部署專業人才解決組織所面對的問題，以維持一定的競爭優勢，在應許管理上，組織之職司者就要釐清應許所指涉的內涵，以爲應用的基礎，並以務實正確的應許作爲，驅動員工一致的行動，共赴約定的目標，避免員工在推動服務上成爲不負責之人，在創新作爲上成爲作梗者，在管理上成爲掠奪者（Murrphy, 2007）。至於應許本身所蘊含的內涵，可由六方面加以認識之。

1. 共識的要求

　　組織爲了成就偉大的事工，負起社會領域所交付的責任，實現本身所要追求的願景，一定要對其各部門的員工，在一定的期限內有所要求，希冀他或她推出回應情勢的專案，確保多年已立的互動網絡，承攬新興的業務，以鞏固組織存在的必要性，維持原本規模的可能性，得到監督機關的信任，協力其他相互關聯的機關完成設定的議程。

　　而在組織對所屬員工有所期望、要求及盼望之際，員工相對亦對組織提出要求，不僅能滿足其生理及安全的需要，而且能實

現自我成就及社會歸屬的需要，而當兩者的要求形成共識，乃成爲驅動雙方行爲的應許，鼓勵員工積極貢獻所能，投入時間與智識，爲組織交付任務的完成而努力，不會成爲猶豫不決者，而在推動服務上一再遷延耽擱；在致力創新作爲上，一直自戀自己的主張；在運轉管理的工程上，不斷阻礙議程的設定，目標的完成。

2. 設定的願景

組織在主事者及員工建立互相要求的共識後，進而以這個共識爲基礎，共同設定組織推動的願景，作爲指引組織行動的方向，引發員工行動的共鳴，並對未來充滿著希望，相信其是可以實現，願意聚焦能量來實現這個願景，同時啓發組織其他的員工，共赴事工共同推動可行的標的。尤有甚者，在組織之主事者理解員工的需要及願望之後，再以願景取得他或她的認同，使其感受到激勵，滋生深入的投入情，誠願面對實現過程中史無前例的挑戰，排除這些挑戰可能帶來的緊張、壓力、失調和犧牲（Boyatzis & Mckee, 2005）。

願景是組織對其未來發展走向，配合政經社文情勢的變遷，相關政策與規制的更調而許下的承諾，成爲組織上下所追求的標竿，使其不致在發展的過程中，容易陷入追求短期的綠洲，而置遠大目標於不顧的陷阱（Perkins, 2000），抑或失去發展的主

軸，無由以之導引組織員工才華的展現方向，而將組織力量分散，無能貫徹組織所要追求的理想，如又碰撞外在不能契合的情勢，組織群體內其他組織的激烈競爭，則組織就有可能走向式微的風險，無法由平凡邁向偉大，並永續生存，一直保持高度的績效表現，成為組織常態的基因，足以抗衡任何的競爭壓力，及不利的內外在環境（Collins, 2001 & Maxwell, 2007）。換言之，組織要以願景作為追求的應許，並透由員工才華的發掘、組合及形塑，創造競爭優勢，達及策略性的成就。

3. 協調的要素

　　組織所設立的部門，所延攬的員工如若過於抱持本位主義的作風，對於組織任務的推動不能形成相互協力的合夥人，員工的才華就無法相互激盪，導致協力的優勢，抑或員工能量的合超效應，就不能找到出口，呈現出組織死穴的所在。是以，組織使命之成就，既然仰賴組織內部協調一致的行動，協力伙伴關係的發揮，就要以應許在服務上形塑深富同理心的員工，得能站在對方的立場思考集體行動的重要性；在創新上成為知識的領航員，引領員工共同激發創意，築造組織專屬的優勢，不易為其他組織所入侵；在管理上就要盡到廣結善緣的角色，積累足夠的社會資本，願以團隊一分子的角色，共同促成組織使命的達至。

　　組織致勝的最基本面，恐是營造一個凝聚力、親和力及同心

力高的經營團隊。而這個團隊的築造，首要以應許來溝通重要議題，化解不同的歧見；進而在資訊的互通，資訊的互補，策略的互滋，達至合作無間的境界；在行動的配合上，得能協調一致，不再發生「你走你的獨木橋，我過我的陽關道」現象，造成力量無法集中，失去達及卓越的功能；在創意上要有所突破，以符應顧客的需求，而且維持持續性的突破，克服完成組織使命旅途上可能遭遇的瓶頸。總之，組織既然是一個動態的應許網絡，就要以應許來協調已出現的，抑或即將出現的衝突，透由溝通、對話及商議的過程，來形成共同一致的行動，並保證主事者願盡全力來滿足組織內外在顧客的關注。

4. 交疊的承諾

應許是組織主事者與其員工，經由討論對話的過程，共同作成一定期間內，員工在職務的推動，績效的確認，對應貢獻或產出的報酬，針對特定行為所能增加的權限或自主性，提供面對面或以團體接近的方式，增加兩者互動或接觸的機會，用以表示組織對員工的關懷與重視，以及組織必須這樣對待員工的理由（Neilson & Pasternack, 2005）。反之，主事者要如何來滿足員工所提出的要求，且在相互滿足過程上，可能有哪些限制，或不同的優先任務，足以妨礙應許的實現，用以事先取得諒解，不致因突發的緊急事件，導致實現的延宕（Sull & Spinosa, 2007）。

雙方有了這樣的交疊承諾，員工在提供組織的服務時，就成為組織的得力幫助者，幫助對組織的顧客提供優質的服務，使其不再是蝴蝶式的顧客，而願持續鎖定與組織進行必要的互動，乃致雙方均得到滿意。在組織創新以鞏固專屬優勢時，主事者就成為授權賦能者，盡力形塑員工的才華，使其展現能力處理成就組織使命所要攻克的各項問題，並藉由這樣的表現，贏得組織的信任與重用。在管理上，主事者與員工共同承擔衛護組織的責任，使組織不致發生運轉脫軌的現象，甚至是瀕臨失靈的風險，亦即兩者共同組織人力、物力資源，築造規範及協議的內在結構以凝聚組織所有的人力資本，引領及保護工作社群的運行，解決可能威脅組織穩定與員工福祉所無法避免的問題，防止組織經營陷入困境。

5. 趨同的假定

從事組織運轉的人員，由於過往的社會化過程有異，而養塑不同的世界觀，並對組織所要解決的問題，對應組織的可能方案，每項方案所能成就的目標，以及影響問題、方案及目標的外在環境，持有不同的視框，因而展現出互異的認知、評價及情感取向。一旦組織員工在相互要求或承諾上有了交疊或共趨，就表示在未來追求的願景、相互滿足所立基的假定，有了趨同的現象，業已停止不同假定所引發的爭論。換言之，原先存在於同仁

之間的理解落差，歷經溝通對話的過程，各方均達成可以接受的應許，等待資源匯集之後，就開始進行實現應許的旅程，但中途若出現原先的假定有誤，無法再支撐組織的作為，雙方就要針對原先的應許進行修正，抑或重新解讀，以完成組織擬定所要推動的使命。再者，主事者一旦認知到原先許下的應許，因情勢的變遷，突發事件的發生，因而不能再依約行事，就要與員工誠摯對話，重新商議可行的安排。反之，員工亦有義務發動再議於自己設定的優先順序及面對的情境發生改變之時，以免破壞應許的尷尬，以及由此而產生的互不信任。

尤有甚者，組織面對未來不甚確定的時代，所要採取對應內外在環境的作為，每每進行以假定為基礎的規劃（assumption-based planning）（Dewar, 2002），並以之有系統地研擬相關的演化情節，協助進行與環境透視連結的規劃，設計與特殊假定有所關聯的行動。不過，組織每要透過多回合的對話，調整雙方的期望，以達及共趨的地步，進而雙方以具體的行動來落實。事後，雙方各自提出反省，俾使將來更能以有效的方式推動彼此的應許，建立持續改進其他達成應許的品質。

6. 認清的當責

組織在推動各項專案時，每以矩陣式的組織結構，職司推動專案的責任，進行妥適管理的工作，以期待專案的完成。不過，

這種由各部門抽調人員臨時組構而成的任務編組，在當責的釐清上比較有所困難，甚至易發生推諉塞責的情勢，引發編組同仁之間的關係資本流失，不利於未來協力夥伴關係的築造，甚至興起離轉職的意願。

在應許管理的倡導下，由於兩造事前立下彼此認同的應許，組織就可以雙方應許的實現度，進行合理問責的標的，不再有任何空間逃避問責的藉口。蓋組織的主事者不僅要管理直接管轄的活動，同時要管理廣布於世界各地不同時區存在的同事、知識工作者、合夥人及資源供應者，就有必要藉助於事前雙方達成的應許，作爲績效評定的標準，確定成敗責任的歸屬，所以當責幅度就可以應許實現度來衡量之，不易再有模糊的空間。

假定既然是行銷組織行動主張的重要元素，就要受到合理性的檢定，以證明其在因果關係的有效性，成本效益比的可受性，工具與達成設定目標的關聯性，合理成效的涵蓋性，員工期待的回應性，行動作爲與組織規範的對應性，行動作爲與必要資源的契合性，每個員工在承擔任務上的平衡性，雙方共同建構假定的妥當性，以及組織問題建構與問題情境本質的對應性（Dunn, 2004）。上述十個向度的檢定，如能呈現更多的正面反應，則組織所欲推動的作爲，就愈有機會達至成就的境界；反之，組織就必須進行視框反省，一方願意基於對方更強而有力的論述，而改

變自己原本的想法，而獲致共識的應許，規劃出較為全局性的行動方案。

　　總之，大多數領導者所遭遇到的煩人挑戰，比如組織策略的執行不當，造成執行力的不彰；組織對外在情勢的機敏度不足，以致無法掌握各項演化，即時提出對應之策；員工對組織的疏離，擁有高度的離轉職意願，無法展現全力協力的氣宇，導致組織績效的不易突破；組織之間相關議題聯盟的建立，以勝出協力優勢，未能順利促成。這些問題的發生，往往源自於應許的周全度不足、雙方共識不夠，抑或種種承諾的組合，未能精心的設計，在推動的過程中輕易地被毀棄。在這樣的情況下，組織之主事者或可屬行應許管理，來克服此類荊棘難理的問題，並養塑生產力高、表現可靠的組織人力。不過，其中最具關鍵的莫過於：組織的雙方以開誠布公的態度，在致力創意突破的氛圍下，以相當有系統的風格，培植與協調共同認同的應許，成為踐諾的前提，並以協力的方式付諸行動。

二、特質

　　以應許為基礎的管理，本以應許來完成各項管理事宜，造就組織使命的完成，養塑才華洋溢的員工，提升組織的能力，使其鞏固支撐產出高績效的四大支柱：**警覺、機敏、適應及浸潤**（於

時令資訊及資訊科技）（Light, 2005）。不過，應許的可靠及可踐性乃是成功管理的關鍵，如若不然，組織的主事者恐要浪費不少的時間，不斷審核監測應許的進度；動用一些權力的壓力，引領應許脫軌的回歸；不斷從事同樣的工作，以監督應許的正常踐諾，而無暇兼顧組織人力資本的築造，落實新科學以發展組織突破所需的才華（Boudreau & Ramstad, 2007）。因之，相對上較為優勢的應許，較易推展而有助於管理目標的實踐。至於，應許具有哪些特質，以發揮其「起承轉合」的功效，根據Sull和Spinosa（2007）的建設性見解，以及吾人的知識整合，或可提出六大特性，以為相關的組織人士參擇採行。

1. 公開性

組織兩造所協議的應許，其之所以具有拘束力，足能促發雙方的信守，共同致力於應許之實踐，以成就組織所設定的理想，最好是在公開的場域，有他人參與及見證之下作成，千萬不要在私下的情況下打造應許。蓋員工在同儕及主管的參與下立下應許，通常較不易忘記自己先前承諾的作為，或只想起一些應許的情形，抑或對一項困窘的應許打了退堂鼓，不願與他人協力完成。尤有甚者，大多數的員工為了自身的榮譽感、能力的證明及可信賴的印象，願意投入一切的努力，推動其在公開場合所許下的應許，以免自己於被毀棄之際所感受到的窘境。是以，為了強

化應許的可踐度，組織的兩造最好於公開的狀況下達成共識的承諾，以為大家信守的標的，不可在私下的場合祕密打造應許，而提供實踐與否的裁量空間，彼此推託的藉口。畢竟，人們總會顧慮到自己的形象，不希望名譽受損、能力受疑及信任破產。

2. 積極性

組織的兩造要以積極的態度，進行共同應許的協商工程，利用理想的言談情境，提出要求，抑或針對原先的要求，提出不同組合的要求，再進入理性溝通的階段，雙方均抱持貢獻組織的旨意，關注雙方的要求，而且射準組織的狀況及所處的情境，達成共識性的應許，作為雙方在一定期程內，所要屢行的標竿。

申言之，組織的雙方不能在倉促草率的狀況下作成應許，蓋這種思慮不周、商議不足、理解不夠的應許，在實踐的過程，恐會滋生不斷的爭議，必須費時進行解讀、再解讀的工程，反而延宕應許實現的期程。再者，雙方更不可陷入探究多元不同的主張及建構互異的發展情節困境，引導參與者進入費時的爭辯，抑或各自提出排斥對方立論的理由，進而顯示自己的伶俐，並非再在致力追求一個相對較佳的共同應許。三者雙方不得懷有不當的意圖，進行錯誤的溝通，致一方產生誤斷而建立偏斜的應許，但在推動的過程中，先前那種不當的意圖就顯現出來，既毀損了過程積累的關係資本，又阻礙應許致力追求的組織績效。

3. 自願性

　　組織的雙方在達成共識的應許時，乃在自願接受，主動下決心要投入的氛圍下為之，才具有約束力。如應許之建立在於一方的脅迫，則可能因一時的恐懼而表面屈服，但在承擔應許實踐的責任上，就無法展現責無旁貸的毅力及情操，反而刻意找到推諉塞責的藉口，漠不關心脅迫性或威脅性的應許究竟實踐多少，有無造成對雙方的傷害。

　　尤有甚者，雙方的應許如在充分的自由意志下達及共識，這項共識各方就會深深覺得有義務、有責任要加以成就，以築造豐厚的社會資本，累積往後協力的元素。須知，未經考慮的輕率承諾，以及任何直覺的否定承諾，均象徵雙方的誠意不足，兩者均對組織並無積極正面的價值，反而對彼此的信任注入破壞的基因。是以，在商議共同應許的過程中，經由幾回合的提議磋商琢磨才形成的共識應許，乃表示雙方對應許的濃厚興趣，以及自願投入成就應許的意願。於是，組織不能讓員工感受到：他或她無法拒絕，或針對要求再進行協商時，他們很可能終止過往的熱誠，抑或採取投入退怯的舉措，不太聞問應許的進展度，只扮演形式大於實質的應許推動合夥人。歸結言之，組織要授權員工有拒絕不合理要求的權利，盡可能提出作為協商的對策，並在情勢變遷之後，重新協商應許的內容，引領員工意願自願投入應許的

實踐。

4. 明示性

組織的兩造應明確肯認,在達成應許的過程中,要明示地指定何人為誰職司何事,且必須於何時完成,以便最後當責歸屬的順利訴追,不致因訴追不當引發各方的不滿。何況,組織每由多元不同文化出身的員工組織而成,為了避免模糊或隱示的應許帶來更多惱人的解讀、再解讀,肇致應許落實的延宕,績效的不易勝出。再者,含蓄未明的應許,雖較快形成,不過由於每造的切入角度不一,每會滋生錯誤的誤解,導致原先承諾的應許,與最後付諸實踐的應許之間,存有偌大的落差,不能滿足雙方原來的期許,甚或滋生同床異夢的窘境。

尤有甚者,明示的應許深深有助於各方一致行動的協調,不再各自持有不能相容並存的承諾,以致分散各方力量,無法匯聚一處成功而有效地完成先前的應許。抑或各方的承諾雖不致於無法相容並存,但由於各自偏好於不同的專案,關注於不同的任務,投入於互異的焦點,而妨礙應許的實踐。三者,各方在實踐已設定的應許之際,又分別投入其他的專案,因而延宕應許之落實。四者,各方對實踐應許的迫切感,可能因應許過於含蓄不明,而滋生不同,一方是急驚風,另一方是慢郎中,因此總無法即時完成一切相互依賴的生產線作為(Starling, 2005)。

總之,明示的應許指定各方所應為的作為,極易形塑為正式的方向感,不再受到含蓄應許的影響,帶來眾聲喧譁的干擾,承擔威脅承諾實踐的風險。是以,雙方在溝通應許之時,定要釐清應許的明確指涉,以範限落實應許雙方要為的作為。不過,組織的主事者要識明,一旦內外在情勢發生變遷,組織所追求的優先議程有所更調,抑或嶄新資訊的出現、重大焦點事件的發生、策略夥伴關係的改變,雙方就有必要重新商議未來的應許,俾便逮住即將出現的各類機會。

5. 激勵性

員工既然是組織重要的人力資本,展現生產力的動能。不過,這項功能的激發要在員工擁有意願投入組織績效的經營,有能力進行組織所指定的任務,有機會和支持應付組織使命之達成,所以在應許管理的創造性轉化上,於員工績效有所表現時,組織就安排兩項應許:一為員工的表現符應或超越既定的效標時,組織就應提高物質的報償,以便再強化其持續追求表現的動力;二為舉辦公開的事蹟表揚,增強其榮譽感,作為其他同仁的學習標竿(Neilson & Pasternack, 2005)。而針對員工本身,適時提供合理的升遷機會,增加權力的影響範圍,抑或擁有更高的自主性,以彰顯或鼓舞其對組織所為特殊貢獻作為,強化其永續為之的動力泉源;同時不斷增加其與上級的互動機會及頻率,以

顯示組織對員工的關注。再者，在員工的生涯規劃上，組織要有傳承的作為，養塑對應挑戰的才華，提高才華的智商，足能解決組織所面對的各項課題。

因之，組織要洞識激勵性應許的重要性，以免員工滋生對組織無益的雜音或不滿，表現出對組織經營的抵制，誤解所傳資訊的內涵，而為與追求目標不一致的作為；破壞或阻止訊息的流通，干擾組織的有效運轉；稀釋資訊的影響力，進而破壞溝通的作用；競爭於同時間內，爭取主事者的關注，引發雜音四起而失去訴求的清晰性；出現預想不到的資訊中斷，導致溝通的脫軌，無法加以正常化（Murphy, 2007）。而上述諸情況一旦發生，雙方承諾的溝通就不易完成，應許之達至，進而付諸兌現的旅程恐就不順利。

6. 使命性

組織兩造所提出的要求，如未能提供任何立論理由、解釋支持的原因，雙方就可能推論：所提出的要求並沒有價值性，以致未能正式對待這項要求，亦未對之加以監測，掌握其被履踐的情形。因此，為了避免走向這個形式主義的不歸路，最有力及最具拘束力的應許，就應以雙方承諾於一定期限內所必須踐約的使命，並以其作為基礎的應許。易言之，雙方要解釋要求的立論依據，以爭取另一方的認同，並給予對方足夠的時間，足以瞭解使

命的內涵，以及完成之後對組織疆界的擴展究竟得能產生多少影響力，促成雙方對使命的重視，一方投入努力，另一方投入資源，以利使命的成就。

　　組織雙方之所以要瞭解應許的重要性，乃在於有了這樣的認知，未來推動的毅力提升，不致因遭遇到衝突不同的要求，抑或事先未見的阻礙，就失去情緒韌性，不再堅持原本應許的踐諾，逐步產生雙方的不信任，破壞關係資本的累積。不過，雙方在實踐應許的過程中，亦可以創意的方式，抑或彈性的作為，來處理雙方所關注的標的，不必太拘泥於字面明示的要求。

　　應許效能的產出，以及受到各方的重視，就要盡可能呈現具備前述六大特性的應許，使其得以在組織運營的轉化過程中，順利加以履踐，不致發生履踐的遊戲，比如形式主義的推動，展現巨幅的抵制，浪費有限的資源，將落實視為他人的問題，加掛其他要求，妨礙應許的進展，畫地自限而形成強烈的本位主義作風，及參與者之間競相爭取應許的實現（Starling, 2005）。

　　公開作成的應許有助於各方的信守，聚焦各方的才華加以實踐；積極地商議，清楚地釐清雙方要職司的應許面向，以免因模糊而滋生卸責的情勢；雙方自願地形成趨同的應許，增強落實的責任感，將其迫切性擺在優先的地位，免掉同床異夢的窘境；明示安排負責人所要職司的應許，必須成就的期限，就不必陷入一

再解讀的困境；激勵員工不可忽略，所以應許的內涵部署提升落實應許的動力；以使命爲基礎的應許，才能顯示出其價值性，增強各方落實的毅力及情緒韌性。因之，優質的應許，主事者要盡可能以這六大特性爲標竿，致使組織全盤掌握內外在環境即將出現的各項機會。

三、作用

以應許爲基礎的管理，在徹底釐清所指涉的內涵，以爲推展運營的方向，之後再按照六大特質達成雙方應許的協商，就進入執行轉化的工程，想方設法防止執行的可能脫軌，抑或妨礙執行成效的不當遊戲，對組織就可產出不少的正面效應，並以之作爲提升競爭力及鞏固生存空間的基因或依據。

1. 排除成事障礙

組織各部門之間的本位主義作風，相當妨礙協調一致的行動，圍堵合超效應的滋生；員工由於未能體會到自己行動與組織策略的連結，組織亦未提供協商要求的機會，導致員工調整承諾的幅度，顯現疏離的取向；組織缺乏明確的當責機制，並未建立公開導向及使命導向的應許，以爲責任歸屬的訴追，凡此均是組織未能成事的根本因素（Sull & Spinosa, 2007）。不過，在運用應許管理之後，導致符應六大特性的應許，部門之間已立下協力

追求的應許，知悉未來努力的方向，並以應許的實踐度作為當責設定的指標，回饋在績效上的合理報償，在權力地位上的對照提升，強化對員工的激勵基因，促其願意持續為組織創意性的突破而獻身。

2. 發展主體意識

應許是經由公開的商議，並將雙方意見的表示充分注入而達成的協議，並非以由上而下的方式強加諸在員工的負擔，乃逐步養塑參與心、投入情、權能感及責任識，而對組織由生強烈的歸屬感。換言之，在應許管理的氛圍下，主事者授權員工在組織內扮演有如企業家的角色，發現組織可加利用的機會，並匯聚必要資源以取得對組織有益的機會，經由組織績效的展現，增強員工的主體意識，抑或擁有所有權的感受，不再有見異思遷的念頭，一心一意為組織謀求發展。尤有甚者，員工主體意識發揚之後自律精神就隨之而生，不時管控自己的行為，以投入實現應許為職志，結合同事共赴組織的事工，經營應許的成就，提升組織的績效。

3. 養塑成就文化

組織的設立本要成就一些願景，增強其存在的正當性，以及擁有龐大的社會影響力，足以影響政治系統的治理方針。而組織

在本型管理的運作下，主事者為求共識的應許存在於全體員工之間，每會認識到自己還有不少的領域要學習；承認自己會犯不少的錯誤，總要由錯誤中學習正確的作為；洞悉個人不足以成事，時時要仰賴他人的協力，事情才會做得圓滿；與他人討論組織議題時，對原來不甚認同的想法，定要提出一些問題，以確保瞭解各個相關的觀點，而為一些建設性妥協，以利應許的共識。

尤有甚者，主事者誠願與員工構築夥伴關係，以務實的態度進行策略規劃，對未來的願景至為樂觀，對應許要全面投入，對最終的成敗願接受一切的責任，這些乃構成成就文化的具體表徵（Murphy, 2007）。而應許管理正好融入這些表徵，對未來有想望，對團隊有向心力，追求有效可行的方案，洞徹同仁共事是協力達到成就的機會，展現耐性、毅力及專業以化解阻礙與挫折。是以，一旦組織充分經營本型管理的工程，成就文化就逐步在奠基之中，才華智商也因之提升。

4. 增強組織彈性

組織所面對的外在環境，一直處在不斷演化之中，應用標準化的作業程序，往往無法利用或掌握許多新興的機會，抑或適時因應法制環境的變化，於是組織的機敏性及快速彈性的作風，乃促使組織鑲嵌環境的先決條件。而以應許為基礎的管理者，斯時可以以一項專案或倡議，對所屬員工提出要求，並於對話過程中

增強或補全原來的構想，配與相當關鍵的激勵因素，快速取得共識。於此同時，員工就在組織內外組構能力互補的團隊，為新的應許賣力。而一旦嶄新資訊的出現，抑或使命的優先順序發生改變，組織的兩造立即重新商議應許，不會發生任何的麻煩，蓋雙方擁有自願投入的應許，為維護組織信譽的擔當，展現紀律的作為，以及顯露實現的迫切感。

5. 滋生刺蝟效應

組織理想的實現重在雙方的理解，理解組織的專長，雙方對未來的期許，員工熱情投入的焦點，組織所能充分利用的資源，而這些理解匯聚在一項簡單的概念，即應許之上，並一直以一致的力量促其實現，而不會於過程中，分散雙方的注意力，試圖分心謀求多元不同的目標，以致因熱情度不足、專長度不精、資源搭配度不佳，而未能成就組織的偉大任務。

由是觀之，組織相當仰賴整合性的應許，來統合員工的思維假定或追求的目標，促其對之產生深度的感情，養塑共同的義務感；安排最佳的人力資本，發揮組織的最佳專長，以績效建構組織的聲望與信任；部署適量的資源，推動業已共識的應許，使其資源的供給不虞匱乏，而達至應許實現的境界。組織向來不適格扮演「狐狸」的角色，其雖聰慧狡猾，關注多元不同的事務有餘，但缺乏一致性及連貫性的作為，不易形塑合超的成效，所以

還是以刺蝟的單純，以應許作為統攝的力量，匯聚熱情、專長及資源而成就偉大的使命。

6. 落實組織民主

晚近在資訊科技領域，逐步由以製造者為中心的創新，走向以使用者為中心的創新（Von Hippel, 2006），以提升符應使用者需求的產品和配備，更對使用者盡到人性化的關懷，不致強力外加符應度不足的產品。實施以應許為基礎的管理者，不以上位者的構想，強迫員工勉強的順服，以免在勉強的因應下，滋生巨幅的績效落差，損害組織的信譽。

反之，本型管理的操作，講究員工的參與，透過對話的旅程，各方腦力激盪的作為，形成共識的應許，以為推動的方針，力量聚焦的依據。這是一項權力分享的管理，理出所有組織人對關注議題的觀點，對成事所要有的基礎，推動應許所必須的策略能力，員工不再陷入無力感的窘境之中。是以，組織的民主化，需要主事者的政治見識，更賴於現代化知識的應用，誠願授權賦能於員工，使其才華增進，創意突出，致使組織得能成就原本不可能的任務。

應許是一項簡單的概念，但其本質雖然簡單，然其卻具有廣大的整合力量，讓組織員工的熱情找到去處；最適人才的組合得

以出現，以推動組織的想望；資源發現推動的引擎，以致能創造出一致而連貫的行動，滋生重大的合超效應，既排除成事的障礙，發展員工的主體意識，養塑成就導向的組織文化，增強組織的彈性以因應情勢的演化，滋生所謂貫穿全局的核心理解，不致任意分心，落實組織的民主化，讓員工深刻地期待，能由共同應許的達至，滿足各自的需求，更願提出創新的思維架構符應發展趨勢的作為，為組織強化正當性及影響力。

📖 結　論

應許是組織最具基礎性的互動，從中整合員工多元不同的視框，建立共識的作為，溝通協調組織的方向，使其產生互補，一則添加必要燃料以激起共事者的熱情，願意為組織績效的勝出，竭盡智力與配合行為；一則經由應許的形塑，匯聚才華的團隊，共同攻堅實現過程可能遭遇的問題，權變因應不確定的內外在環境；三則籌劃適量的資源，用以啟動實現應許工程的引擎，加速終極願景的達至。換言之，應許賦予組織一股強大的力量，經由共同不斷的改進，締結出顯著的成果，進而強化員工的信心及動能，熱情投入於應許的實踐工程。經由前面三個向度的分析，吾人在知識上或可得到六項啟蒙：

1. 整合概念的重要性

組織的成就不能分心關注於太多的焦點，而要充分瞭解組織的能力範圍，並以簡單的概念試圖點燃員工的熱情，匯聚可用資源全力發動引擎，組構才華團隊，從事突破性的作為，為組織攻下不小的疆界，成為競相爭取策略聯盟的對象。

2. 民主治理的必要性

威權的組織風格已不能見容於當今的人力資源管理，而必須要有所超越，方能創造才華洋溢的員工。因之，透由民主參與的過程，形塑組織兩造對未來的共同應許，方能增強對員工需求的回應性，誠願展現才華，促使組織的運轉得能出現類似飛輪的效應，成就偉大的社會貢獻。

3. 優質應許的價值性

組織的兩造若能充分理解：如各方提出的要求，在透由理性商議而作成共同應許，才能在執行的過程中不易發生脫軌或玩各項不利成效的遊戲。經由分析探究之後，公開性、積極性、自願性、明示性、激勵性及使命性，乃是從事本型管理者，於締結應許之際所要權衡的基準，以事先須備應許發酵的前提。

4. 熱情才華的兼備性

員工光有才華對組織績效的勝出，鐵定是不夠的，因為才華需要熱情來感動，以提升其意志力，再產生推動組織使命的能源。是以，組織的主事者要準備感動人心的篇章，以創意的主題來結合深具才華的員工，願組承擔使命的團隊，共同實現應許，以達雙贏的境界。何況，偉大的團隊可以創造社群意識，展現和諧的精神，俾讓意見的不同，成為激發再思的動力。

5. 奉行應許的回饋性

應許既然是組織兩造共同追求的方向，相互的奉行才能產生彼此的互信。而信任可能是組織應付挑戰，有效權變回應內外在環境變遷的動力。換言之，信任文化的養塑，為組織創造積極的環境，促發員工以優質的績效來回饋組織的承諾信守。因之，兩造不可展現過於強勢，做出違背倫理的行為，只聚焦於短期的利益，以免面臨喪失互信的危機。

6. 提議對案的建設性

應許形成的過程中，積極的對話協商，本是促成各方皆可接受的應許，所以各方均應提出要求，從中激發各方進一步的反思，排除自戀的固執，吸納他人的創意性見解，為組織的追求卓越立下基礎。換言之，對案的提出有其建設性的意義，既能進入

更深沈的考量，也能從中引出有效而互補的應許結構，建立共同的願景及動機。

組織只擁有才華出眾的人力資本是永遠不夠的，還需要員工赤誠的熱情，以及適當適量的資源來配合，而上該三者得以交集的元素，乃在共同肯認的應許，由其觸媒三者的整合，以利組織搭上運轉的飛輪，可以圖困難的任務，追求遠大的願景。因之，組織要以應許的建構作為發展的「初」與「礎」工程。

參考書目

Boudreau, J. W. & P. M. Ramstad (2007). *Beyond HR: The New Science of Human Capital*. Boston, MA: Harvard Business School Press.

Boyatzis, R. & A. Mckee (2005). *Resonant Leadership*. Boston, MA.: Harvard Business School Press.

Collins, J. (2001). *Good to Great*. NY.: Harper Collins Publishers.

Dewar, J. A. (2002). *Assumption-Based Planning*. Cambridge: Cambridge Univ. Press.

Dunn, W. N. (2004). *Public Policy Analysis*. Upple Saddle River, NJ: Prentice Hall.

Light, P. C. (2005). *The Four Pillars of High Performance*. NY:

McGraw-Hill.

Maxwell, J. C. (2007). *Talent is Never Enough*. Nashville, TN.: Thomas Nelson.

Murphy, E. T. (2007). *Talent IQ*. Avon, MA: Platinum Press.

Neilson, G. L. & B. A. Pasternak (2005). *Results*. NY: Crown Business.

Perkins, D. (2000). *Eureka Effect*. NY: W. W. Norton.

Starling, G. (2005). *Managing the Public Sector*. Belmont, CA: Thomson Higher Education.

Sull, D. N. & C. Sipnosa (2007). "Promise-Based Management: The Essence of Execution," *Harvard Business Review (April Issue)*: 78-86.

Von Hippel, E. (2006). *Democratizing Innovation*. Cambridge, MA: The MIT Press.

第九章

開誠布公型管理

一、引言

　　一九七○年代後期至一九九○年代中期，全世界各國的政府大都在進行一項公共管理的革命，積極採用各項管理改革策略，試圖改進公務部門的效率，生產品質既優且廉的貨品及服務（Denhardt, 1993; Kettl, 1997）。不過，這項革命進行於科層制主宰的組織系絡之內，兩者在互動之下，極易產生嫡螟相爭的現象，以致於品管圈的管理術、目標管理、組織過程再造等努力，均未能達至原先的期望，或只能成就次佳的績效水準，為關心公共管理的學子留下一片有待耕耘的園地，可資發展突破的空間。

　　這種期望的落差，刺激了學子再開拓，再建構嶄新的管理策略，或策略性組合過往管理策略的成效部分，補強闕如的地方，於是公務部門就不斷有推陳出新的管理策略，冀望對公務部門進行基本性的轉型，使其在效能、效率、應變及創新上有了輝煌的進展，足以應付變遷神速的外在環境，滿足被服務對象的需求及期望開誠布公型的管理策略，亦在反省先前推出的種種管理策略之後，於最近幾年逐步受到公私兩部門的關注。本文之旨趣在於分析本項策略形成的主要背景、策略的特性、關鍵性的策略做法、有效執行的配合措施，以及存有哪些陷阱殊值得適用者事先預防。

二、開誠布公型管理的形成背景

　　開誠布公型管理的出現，可說在兩大牽引力量下，鼓舞學子的反省而建構出來的，一為管理策略的孤島現象，二為新舊策略的嫡螟相爭現象。

1. 孤島現象

　　在一個變遷神速、競爭激烈的政經體系裡，任何組織欲想在哪樣的境域內，維持、鞏固及擴大生存的立基，對員工的妥適管理，俾以發揮其潛能，蔚為組織所用，進而增強其競爭力，或使其順利取得不敗的地位，乃要採取各項管理策略，擴大化每位員

工的效能。於是，品管圈、目標管理、過程再造及結構重組等策略，就逐一為管理者所用。但每一項管理策略所企圖關注的，乃是一套特殊的組織情境及績效問題。然而，在技術上，每項策略均是孤立的方案，和己身以外的創制相互孤立，以致無法產生綜合效應，即雖有一系列單獨的作為，並產生一些零星的成效，但始終無法將各項作為加總及整合起來，肇致績效無法充分發揮的景象，各項策略各自為政的特殊情景，更使公務組織時時陷入應付單一策略的格局中。

這種管理策略的孤島現象，雖承認人力資源的價值，也推出引發員工投入的種種努力，但由於其本質只在關照某一層面的組織人力問題，且各項策略間又存有不能相容之處，於是整全性的管理途徑，乃成為各方致力追求的標的，欲圖發掘組織人力未竟全功的根本性原因，盡速擺脫過往頭痛醫頭、腳痛醫腳的局部管理術，而納入較為全面性的策略，提升員工組織參與和投入幅度，進而釋放出員工在思維及心靈上的內在潛力，成為其他機關無能複製的可貴資源，增強組織無比的競爭力。開誠布公型的管理乃在質疑欠缺整合的策略之後，將多元化的人力資源管理策略，加以貫穿與融合，俾能將所有員工創造成一體的合夥性關係（McCoy, 1996）。

2. 嫡螟相爭現象

　　過往在激發人力資源上既陷入孤島現象的情境中，則一項新的管理策略，一定和原本行之已久、習以為常的策略，互相爭取策略生存空間。這種競爭現象類似於嫡系與螟出的兄弟，彼此以各種手段爭取有利地位一般，可將其稱之嫡螟相爭現象。

　　一旦這個現象存於公共管理的革命過程中，定會陷於擺動式的管理變遷，即管理者每針對一項組織人力問題，採取相對的行動策略要將其加以解決，但在獲得一些進展之後，尚未生根深長時，時代又流行另一項新的策略，管理者又受到斯項流行的迷惑，進而就採取斯項策略，且將目標轉向，以致造成策略之間的衝突或不能相容現象，最終可能肇致公務部門之改造停滯或窒息（Coe, 1997）。這種策略間之嫡螟相爭現象，讓有心研發公共管理策略者體認到，非以整合性的途徑，將人的疏離、離心或各自為政的問題，徹底且持續地加以解決不可，以免虛耗有限的資源，長期陷於策略互爭立基的紛爭之中，於是整合性的開誠布公型管理策略應運而生，期許畢人力素質改善問題成功於一役。

　　孤島現象及嫡螟相爭現象，可說是一對孿生的組織問題，嚴重時將在員工之間引發心不甘、情不願的合夥人，無法形構優勢的工作團隊，致力執行組織的任務或使命（Stoker, 1991）。因之，在所有的員工之間，創造一項有效、可信及一體的合夥關

係，讓員工遠離被剝奪感的作祟，共同爲組織營造積極的效益。

三、主要特性

　　開誠布公型的管理策略在上述兩大背景之衝擊下，順勢於公私兩部門發芽滋長，逐步成爲公共管理的主流策略之一。這項策略認爲：組織的員工是組織唯一無法被其他組織完全複製的資源，其自行建立一套開發人力策略，讓其得以成功地面對競爭日益激烈的環境，或財政資源日益緊縮的年代。然則，這一套策略具有哪些特性，有必要事先瞭解，以便加以援用或移植。

1. 公開性

　　開誠布公型管理策略，首重公開的屬性，即讓員工知悉組織如何在環境變遷之際，作成因應的對策；向員工公布組織行事的原則、決策的規範，致使員工得以預期組織的行爲方向，減少組織給員工的測不準性，排除引發其他員工不滿的投機行爲；也對員工揭露組織的預算狀況、年度施政重點，以及必須與其他機關合作推動之作爲。如此一來，員工與組織之間，得以樹立開誠心、布公道的氣氛，免掉無濟於事的猜疑，提供員工們盡力工作的立基。

2. 分享性

組織在厲行這項管理策略時，本著有福同享、有難同擔的精神，盡力分享詳細的組織運作資訊，並教導員工使用資訊之道，因而提供員工貢獻的機會，順時順勢推動組織之使命與目標（Davis, 1997）。

3. 兼顧性

這項管理策略將顧客的滿足、員工的滿意及利害關係人的價值，同時列入核心的考量，不致偏廢於任一方，讓組織之目標只能達到次佳化的地步。再者，組織在追求根本性轉型之際，其目標亦不能專注於效率的講求，需要同時兼顧效能、適應及創新。

4. 整合性

孤島似的策略革新，常有顧此失彼的窘境，在該項革新逐一出現疲軟的歷史時刻，乃為深具宏觀思維的學子，提出開誠布公型的策略，將已往試驗之各個單一策略加以妥適的融合，一舉改變員工本位的行事觀，形塑一體感以及社群意識。

5. 合夥性

組織之成功無法但憑個個單獨化員工，須賴深富凝聚力的合夥團隊，形成團結合作的體系，一致對外與其他競爭對手競爭

（Stone, 1997）。何況，組織社區的基石是團隊及組織，而不是個人；而本策略的核心旨趣，或推動組織使命的前提，在於精心研擬各項措施，將員工社會化成夥人，彼此利害與共、禍福相關，共同承擔組織成敗之責，共享權益，同負義務。

6. 人本性

本策略深信：員工是組織在面對資源稀少、競爭激烈、環境變遷快速的時代，得以成功的關鍵因素。組織內的任何作為均有賴人來完成，所以人是組織的主體，他或她對組織擁有深厚的情感，養成積極的認同，才會在組織績效迸出亮麗的成績單。是以本策略相當重視組織人的情感涵化，認為組織人共事愈久，彼此互助愈深，則彼此投入愈強。而在共事互助時，又能有所作為，則個人間的關係就愈有價值，整體組織內的關係愈緊密，則人人就有強烈的意願為組織效勞（Stone, 1997）。換言之，本策略極力厚植社會資本（social capital），將組織轉化成具有信任、追求共同價值、關係網絡強化的特性，得以進行協調化的行動，提升組織的運作績效（Putnam, 1993）。

7. 公民性

本策略強調：將一位組織的成員，形塑成如同社區內的一位公民。是以，組織有一套社會化的機制，養成共同的信念，並對

共同的過程或目標積極投入。公民化的員工，體認到組織的權限
範圍，認知到合理的組織行為，瞭解到己身的權益，認同自助、
人助的重要性（Hult & Walcott, 1990）。

　　開誠布公型的管理策略深信：整體的功效大於各部分的總合
這一條情感律（Stone, 1997），是以其要由公開性、分享性、兼
顧性、整合性、合夥性、人本性及公民性來涵化各個員工，使其
養成同情共戚、和諧感通的社群，產生無比的力量綜合效應，增
強對外的競爭力，排除內在的猜忌懷疑及力量分散的基因，致讓
組織之成功注入強心劑。

　　在組織逐步扁平化的今日，團隊日益重要之時，組織成員的
互信，乃是造就高績效組織的基石，強化組織活力的動能，所以
組織要成就成果、行動正直及顯示關懷，俾以員工間的信任得以
建立，並將單獨的個人整合起來，減少組織問題的複雜性，增強
合作的可能性（Misztal, 1996 & Shaw, 1997）。

　　開誠布公型的管理策略非常重視組織人間的積極互動關係，
並希冀由這項關係形塑深厚的情愫，促進組織的繁榮。而在情愫
滋生之後，認定組織之事事事關己，而對之慎重關注，集眾人之
力盡速加諸適宜的處置。

四、關鍵的策略內容

　　開誠布公型的管理策略既認為：員工是組織成功的關鍵因素，尤其當組織存活於變遷及競爭的時代更是如此。因之，人力這項資產的投資與開發，乃是組織必須面對的課題。蓋員工與組織關係是相互依存的，組織需要觀念、能源及才幹，而員工則需要機會、生存及事業，兩者之間若契合不良，一方或雙方會受到傷害，不是員工受組織剝削，就是組織剝削員工；於是管理者試圖建構雙方契合的關係，一來讓員工在組織內找到有意義且令其滿意的工作，二來組織獲致成功所繫的才幹及能源（Bolman & Deal, 1997）。既然員工可能因組織的不安適作為，而感受到受忽視或被壓抑，以致消極減少努力的幅度，積極進行與達成組織目標背反的作為，造成雙方受害，於是有志之士乃構想對員工進行投資的策略，深信高度激勵才幹優越的人力資產，為組織一項強而有力的競爭優勢。

　　這項策略旨在創造一個開放、合夥導向及高績效的組織，一方面以教育、養能、授權及激勵的四大策略，來凝聚組織的人力資源，建立相互支援的合夥關係，並讓員工瞭解自己在組織內所要擔任的角色，明悉及滿意自己所能享有的權利，情願投入自己所負的責任，與組織分享風險與報償，而其整個的策略架構如圖9.1。

圖9.1：開誠布公型管理策略的架構

資料來源：McCoy, T. J. (1996). *Creating an "Open Book" Organization.* N. Y.: AMACOM.

1. 教育策略

　　每一個組織往往設有一個核心的策略目標，或是前進與追求的視野，而策略目標之成就或視野之履現，要由組織向員工提供有關總體方面政經情勢；有關組織年度特殊的工作重點、所要提供的服務類別及品質、要與哪些機關合力為之、對臨時偶發事件要如何處置、組織擁有哪些優勢及弱勢；有關組織服務對象的相關資訊，如服務對象的質量、對組織的期許如何、目前的需求為何、將來可能又會有哪些需求、以及組織的能力水平；有關操作

過程方面的資訊，諸如組織結構究竟如何部署、如何彈性因應外在的變遷、內部命令如何處理、工作流程又如何；有關組織在財政運用方面的資訊（McCoy, 1996）。

這些資訊的提供，旨在讓員工獲致作決定或處理問題的知識，建構對應組織內外環境的技能，調適業已不符合時宜的處事態度。換言之，員工對上述各類訊息有了瞭解與體認，才能充備其扮演問題解決者、作成決定者、自我管理者、勇於冒險患難者以及妥適回應顧客的角色。

總之，教育策略之實益，在於組織的合夥人，瞭解與接受他們定位的角色，持有相關及可資瞭解組織狀況的資訊，進而有能力來應用這些資訊，進行創造性的思維，建構契合時局、關照各方面的解決問題方案。

2. 養能策略

過往運作的組織典範，主要環繞於命令與管制的運用；今日之典範則將重心鎖住全部員工的合夥關係，冀求每位成員擁有投入情、參與感及知識力。組織為了形塑上述合夥狀況，在提供各項資訊給員工之後，進一步以各種策略養成員工處事的手段，分析問題的能力，賦予任事的權能。

組織設有資訊分享的體系、資訊互換的體系，以及員工參與

及涉入的體系（McCoy, 1996）。而在分享、互換及參涉的過程中，最重視的是充分的自由，不設有任何限制以妨礙資訊的流通。蓋開放性的溝通，已逐步成爲員工接受僱用的最重要理由

這個管理認爲，擁有資訊就等於持有控制權，是一項已日趨過時的思維，資訊之所以讓我們具有權威，並不在只擁有它而已，而在於透過分享，凝聚同仁發展合夥的關係，而整個組織內的資訊暢通，才能讓合夥關係發酵。

養能所需的第二個體系是：資訊交換，注重資訊的時宜性與自由流動性。蓋資訊之所以具有價值，在於其對應時局的變化，在需要決定時，正好輸入或獲致猶在有效期間的資訊，致使決定不只有效率且有效能。交換體系有正式及非正式之分，前者透過結構化的管道，以流通各項資訊，有助較爲理性之決定作成；後者則經由各項非結構化的管道，盡可能讓同仁在開放的環境，提供可接近且可用的資訊，俾以成就組織的目標。

參涉體系爲合夥的同仁供應：參與及奉獻的各項管道，進而賦予採取行動及作成決定的能力。而鼓勵員工參涉的技術爲目標設定，員工由於有機會參與目標的設定，明瞭了組織運作的定向，確認應負責完成的標的，則成就目標的投入或承諾就會加深。蓋參與目標之設定，讓員工有表現自己的機會，體認自己的價值所在，有效肯定合夥的角色地位，對其對組織之重要性進行

再度的保證及鼓舞，以致養成對組織堅強的認同感，願爲組織貢獻自己的所能。

歸結言之，本型之管理，在員工的養能上，希望營造充分自由的組織氣氛，儲入有關時宜的運作資訊，俾供同仁分享、交換，並透過參與目標設定過程，培塑同情共戚的關係，讓組織轉型成合夥互助的關係體系。

3. 授權策略

授權之本意爲：以合法或官方的方式賦予權威抑或權力，足以作成對組織深具影響的決定。這是一項正式的宣布，以將權威及責任轉移到合夥的員工身上。不過，由於過往員工與管理階層間的關係，可能充滿了不信任及恐怖的緊張關係，茲爲取信於員工，除了管理階層正式的宣布之外，要表示誠懇的態度，並以實際的行動，正式證明權責的轉移。

有效的授權恐要具備六大要件：一爲兩造建立雙贏的契約，指出管理者所期欲的成果，溝通達成期欲成果所要遵行的最基本原則，政策方案與程序（盡可能賦予員工處事的自由與彈性的空間），指出不同的財政、人力、技術和組織資源，以協助員工完成可欲的成果，明確界定課責的條件，說明期欲的成果成就或未成就的後果；二爲讓員工進行自我管理與自我控制，且按成就期

欲的成果所要遵行的行事指引，自行為所當為，管理階層只作協助的來源；三為管理階層建立協助員工成事的組織結構與體系，裨益自導、自控的員工順利履現雙贏的協定；四為自我課責體系的建立，讓員工自評自己的成效，養成自尊心及責任感；五為員工擁有處事的能力，願與人溝通，希冀以有計畫及有組織的方式進行組織事務，並盼望同仁大家協力解決問題；六為員工的心智健全、成熟、正直，深具體諒之情，望與人為善之意（Covey, 1992）。

總之，本型管理在授權原理的實踐上，管理階層的態度在於堅持協助員工的立場，盡力促成雙贏協定的簽訂；以訓練師自居，協助員工擔任新的任務，承受新的責任；以諮詢者的角色，協助員工的生涯規劃及專業發展；以接納的心情，歡迎員工參與雙贏協定的作成，容許員工自評績效。而最終目的在於形塑信任的組織氣候，員工們願意承擔權責，對組織有向心力，對自己有自信心。

4. 激勵策略

組織為了讓員工願意採取創制的行為，用以克服其困境及推動目標之達成；凝聚員工的心智與精力於方案的構思，全盤組織情境的掌握，進而致使他們知悉與瞭解該為之事；養成衷心與同仁、服務對象的合作意願，建立互助的互動關係；誠願以可

能擁有的資源，處理問題與滿足顧客，其要設計妥適的報償制度，一則滿足員工的社會需求，二則滿足員工的基本物質需求（McCoy, 1996）。

總之，為獲致員工對組織事務的積極注意，投下具有貢獻的努力，管理人員及人事人員，有必要為員工創設一項鼓舞士氣、激勵工作毅力的機制，一舉追求組織及團隊的利益。組織為保持競爭優勢，每要求員工擔任新的角色，接受新的權利，肩負新的責任，以及接受新的風險，一定要提供激勵因素，既要馬兒肥，也要馬兒吃草。

5. 員工的期望

組織內工作的員工，每持有種種不同的期望，如若這些期望得於工作過程中，獲致滿意，其就與組織進入合夥關係的境域之中，對組織的有效運作之助益就甚大。是以，開誠布公型的管理，要求主事者關切員工的期望，對之進行妥適管理，而本型管理所強調或重視的員工期望為四個R。

R1指涉員工所期待要扮演的角色及角色行為。在本型的管理環境內，管理者以教育的策略，培塑員工扮演企業家及合夥人的角色，既有冒險患難的精神，積極進取的工作態度，又願與同仁合夥共事，以改進組織的努力。

R2指涉每位員工在身爲合夥人之身分後，在組織內究竟享有哪些權利，讓他們有了安全感，願爲所屬的組織效勞；擁有哪些自由，可否接近任何的資訊；認清組織的特殊目標，得以要求組織對其配備目標實現的訓練、決策權及職務調動。

R3指涉在一個開放、合夥導向及要求高績效的組織環境裡，每位員工所扮演的角色，總要負責的責任組織的合夥人向來有責任洞悉組織的意圖及運作過程，認清組織的各項產出，積極地參與組織，且與其建立關係，關注組織的福祉，願爲適當的決定及行動以提升福祉。

R4指涉員工在組織內所要承擔的風險，以及可享有哪些有價值的報償。組織爲建立永續可用的合夥關係，非進行員工的期望管理不可，予以相當人性化的處置，絕不把員工當作組織運作的機械工具，而要以合夥人的身分待之，並以教育、養能、授權及激勵策略，來滿足員工的期望，致至組織的充分開放，綜合效應的滋生，員工的同情共戚，績效的發煌，競爭優勢的營造。組織與員工是命運共同體的一員，合則兩利、分則兩害，所以爲形塑這項關係，開誠布公型管理提供了一條明路，指出雙方的職責所在，需要共負的擔當，爲組織的新境界開創一條道路。

員工是組織的重要資產，而斯項資產之所以能蔚爲組織所用，繫乎組織有無四E的策略設計，以教育、養能與授權，推動

激勵：以四R 的掌握，讓員工發揮潛能、對組織有向心力、對任務有使命感、對目標有投入情。

五、本型管理潛存的問題與克服之道

開誠布公型管理有其崇高的理想，相當重視管理的人性化，試圖培塑員工的主體性、自信心、參與感。不過，其本身猶隱藏一些問題，殊值得注意，以爲進一步推動的準備。

1. 管理階層的恐懼

實踐本型管理的主管人員，有的頗令人尊敬，相當信任部屬的能力，願與他們分享決策權，共同討論目標觀、方案觀與問題觀，不畏懼會失去主導權。不過，有的主管並未有同樣的信心水準，深感本型管理一旦付諸實踐，他們定受到某種程度的威脅，於是兩造之間的互動，並無法常持誠懇之心，於是互信基礎恐有不夠堅強之情（Davis, 1997）。

2. 問題認定的偏差

本型管理認定組織人是組織問題的核心，這項認定只具有部分的眞實性。因爲，組織績效之不彰，可能是整個組織體系的問題，非但結構設計不良，互動連結不順，層級節制而失去彈性，再優秀的人若深陷其中，恐亦不太會有任何的實益。

3. 資訊分享的不易

組織內之主事者，若抱持不太甘願的態度與組織人分享各類有關決定的資訊，則甚難教育他們的參與能力、宏觀的看法，抑或擺脫本位的思維，但從自己的功能角度透視組織的問題。

4. 員工期望的複雜

組織員工每有複雜的期望，非只四R可以完全涵蓋，比如員工希望減輕組織的壓力源，盼望領導者扮演天使的角色，好好治癒焦慮、沮喪、惰性、憂煩、悲觀、失望、無助、僵化與挫折的問題。

5. 授權行為的形式

本型管理非常重視管理階層的權力下放，由實際的決策參與，養成員工的自信心、責任感及判斷力。不過，組織之授權可能停留在參與或出席階段，未能實際影響最終決策的形成，致讓參與者認為他們只在跑龍套或單純背書而已，逐步失去參與的興趣。

6. 員工個性的差異

組織的員工並非人人均願參與組織之經營，他們可能在其職責範圍內表現相當出色，只是不想再增加更多的責任，如組織硬

要強加推行本型管理，員工可能發覺其無法與組織契合，憤而離開它，另謀他就。

7. 員工行為的他律

自律行為取向的員工，在接受授權時較不易推託，即這種人得依組織的各項指引，自行指導及自行管理，為所應為的行為以成就組織冀望的成果，但他律導向者，凡是聽命於指揮，受制於層級節制體系，不想也不願意承擔更多的職權，則授權策略可能沒有生存的立基。

本型之管理雖可能遭遇前述那些困境，但此類皆不是疑難雜症，完全到達不能診治之地步。組織之主事者可進行底下措施，逐步鋪設具立基的範圍。

1. 厲行整合型領導

整合型領導（connected leadership）之特點，在於建立一個命運共同體的運作方式，強調大家的共同點，確立組織之目標與使命，以真誠及負責的態度，爭取員工信任推動本型管理的決心，並且深悟交響樂團的領導方式，試圖將不同的「樂器」組合成動人的和弦，讓團員相處於和諧相互關懷的情境之中，為爭取組織更高的形象而努力。

2. 改變組織的文化

在科層制的體系內，慣用詳細的指引及說明，一如功能單位為何、程序規則哪些及工作描述內容，形塑員工的所作所為。一旦員工習於這些情境，他們會較為消極被動、依賴成性，畏於採取新的建制。這種組織文化當然不利於本型的管理，所以組織要提供員工新的經驗，以發展新的習慣；協助員工轉換他們的情緒依附——希望、恐懼及夢想，以強化新形塑的行為；以建立未來的共同視野方式，指出組織的未來走向及達及之道，支持這項新的情緒投入。如此一來，組織的DNA就得轉換，有助於本型管理之推展（Osborne & Plastrik, 1997）。

3. 推動共同的領導

傳統組織人向由權力或職位來思考領導，如今要由團體發展的動態過程來認識領導的本質，關注的焦距並非在領導者本身如何為之，而將其鎖定在工作及成長在一起的一群伙伴，如何相互學習、相互調適、認清自主性的重要性、責任感的價值、創造力對組織的以囉、彈性因應的必要性。因之，領導被視為共事的許多人共同發展的過程，一種運作於團體之內的功能（人人可參與的一項活動，為個人與團體其他成員互動的種種活動）。對領導有了這樣的新體認，個人的思維為之一變，得知自己之地位，隨時隨地均在相互影響、相互領導，激發團體的能量，共同

實現每個人的期望，則無形中在履踐授權、養能及激勵的功能（Denhardt, 1993）。

本型管理之運行，非要組織人改變思維的方式，調整傳統的視框不可。茲為了獲致組織競爭優勢，認清自己的新角色，無時無刻不在進行相互的領導，並經由互動的過程中學習各自的職責所在，培塑合夥人的情懷，致至組織績效之發揮。

📖 結 論

組織改造與管理革新為組織生存、保持競爭優勢的利器。開誠布公型的管理為這一波改造及革新的主流策略之一，亦是契合組織扁平化的趨勢。它強調組織人的合夥關係，持有共同的利害，非有參與心、投入情、權能感及責任識不可。

本型的管理認為組織人力品質的提升是一項投資，而不是一項難以負荷的成本。組織人力在四E策略薰陶之下，發揮強大的綜合效應，一舉獲致效率、效能、適應及創新的目標。換言之，一個具有高度激勵及能力高超的人力資源，是其他競爭的組織所不可複製的，亦是組織保持優勢的前提。

組織為凝聚共同體的意識，提升組織的能力，要培塑開誠布公的精神，以奠定組織人間互信情懷，促進組織的繁榮。信任有

助組織人揚棄舊習而接納新議，所以是一項資源、一種合作的資本。

　　本型管理著重四E及四R的相互契合，每種E策略有其對應的目標。而四E之間又會產生相互作用、相互影響，組織之主事者要平衡加以對待。四R之間亦彼此相互依存、相互強化，所以四者之間的關係要維持某種程度的對稱性。本型管理之實踐，在管理階層及員工上，皆有一些心理障礙，但兩者皆應體認全球競爭的壓力、組織面對環境的動盪性、快速變遷的時代，為維持自己所屬組織的競爭優勢。非改變過往的視框，共同形構契合時空，符合組織需要的組織運作模式，逐步推動開誠布公型管理策略。

參考書目

Bolman, L. G. & Deal. T. E. (1997). *Reframing Organizations*. San Francisco: Jossey-Bass.

Coe, B. A. (1997). "How Structural Conflicts Stymie Reinvention," *Public Administration Review*, 57(2):168-173.

Covey, S. R. (1992). *Principle-Centered Leadership*. N.Y.: Simon & Schuster.

Davis, T. R. V. (1997). "Open-Book Management: Its Promise and Pitfalls," *Organizational Dynamics*, 25(3):7-20.

Denhard, R. B. (1993). *The Pursuit of Significance*. Belmont, CA: Wadsworth.

Hult, K. M. & Walcott, C. (1990). *Governing Public Organizations*. Pacific Grove, CA.: Brooks/Cole.

Kettl, D. F. (1997). "The Global Revolution in Public Management: Driving Themes, Missing Links," *Journal of Policy Analysis & Management*, 16(3): 446-462.

McCoy, T. J. (1996). *Creating "Open Book" Organization*. NY.: Amacom.

Misztal, B. A. (1996). *Trust in Modern Societies*. Cambridge: Polity Press.

Osborne, D. & Plastrik, P. (1997). *Banishing Bureaucracy*. NY.: Addison-Wesley.

Putnam, R. D. (1993). *Making Democracy Work*. Princeton, NJ.: Princeton Univ. Press.

Shaw, R. B. (1997). *Trust in the Balance*. San Francisco: Jossey-Bass.

Stoker, R. P. (1991). *Reluctant Partners*. Pittsburgh: Univ. of Pittsburgh Press.

Stone, D. (1997). *Policy Paradox*. NY.: W.W. Norton & Co.

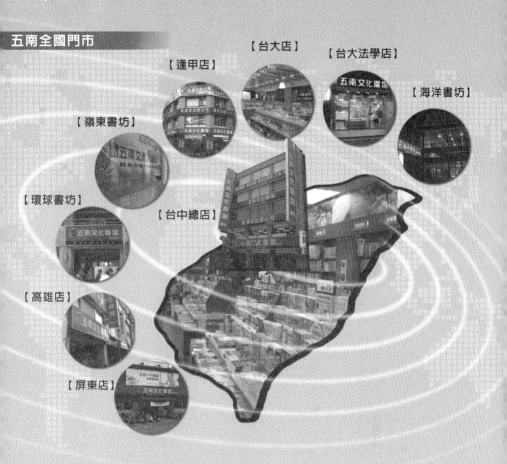

國家圖書館出版品預行編目資料

領導學析論／林水波著.--初版--.--臺北市：
五南, 2012.03
　面；　公分.
ISBN 978-957-11-6467-0（平裝）
1.領導理論

541.776　　　　　　　　　　100020124

1FS1

領導學析論

作　　　者 — 林水波

發 行 人 — 楊榮川

總 編 輯 — 王翠華

主　　　編 — 張毓芬

責任編輯 — 侯家嵐

文字編輯 — 陳俐君

封面設計 — 盧盈良

出 版 者 — 五南圖書出版股份有限公司

地　　　址：106台北市大安區和平東路二段339號4樓

電　　　話：(02)2705-5066　傳　　真：(02)2706-6100

網　　　址：http://www.wunan.com.tw

電子郵件：wunan@wunan.com.tw

劃撥帳號：01068953

戶　　　名：五南圖書出版股份有限公司

台中市駐區辦公室/台中市中區中山路6號

電　　　話：(04)2223-0891　傳　　真：(04)2223-3549

高雄市駐區辦公室/高雄市新興區中山一路290號

電　　　話：(07)2358-702　傳　　真：(07)2350-236

法律顧問　元貞聯合法律事務所　張澤平律師

出版日期　2012年 3 月初版一刷

定　　　價　新臺幣320元